メルカリ初心者からはじめて月5万円を稼ぐ方法

mercari

メルカリの達人／リサイクルアドバイザー
泉澤義明
Yoshiaki Izumisawa

ぱる出版

まえがき～自宅に居ながら〝小遣い稼ぎ〟ができるのがメルカリの魅力！

この本を手に取っていただきまして、ありがとうございます。
今、メルカリが熱いです。
私のところにも最近、テレビ、雑誌等でのメルカリ販売に対する取材が増えています。
注目される理由は、その手軽さです。

●スマホ1台あれば誰でもできる

家に居ながら、
あるいは、通勤の5分、10分といったスキマ時間で、
しかも、スマホ1台あれば誰でもできる、

という点に多くの人が注目しているのです。

実際、メルカリのしくみを理解して、
売りたい商品（出品）を見つけるノウハウや
商品の魅力を伝える説明文の書き方などのコツを知り、
継続することができれば、
簡単に月に５万円のお小遣いを稼ぐことができる時代です。

●初期費用があまりかからないので初心者でもリスクなくはじめられる
メルカリであれば、家にある不要品を出品することからはじめられるので、
初期費用もそれほどかからず、
初心者でもリスクなくスタートすることができます。

●個人情報は守られるから安心して出品できる点もメルカリの魅力のひとつ
あなたの**住所を教える必要もありません**し、

顔出しも不要です。

また、トラブルなどを心配する人もいますが、数万件もネットで取り引きされていますが、トラブルはほとんどありません。

実際、ちょっとした、工夫をするだけで、クレームに遭う確率を減らすことができます。

そのあたりのことも、私のメルカリ販売の経験から得た知識をもとに、この本の中に書きました。

●ネット副業で月5万円を稼いだことがきっかけで人生が変わった

私がネット副業をはじめたのは35歳のとき、当時付き合っていた彼女が、オークションサイト・ヤフオクでブランドバッグを購入したのがきっかけでした。

私自身は、当時パソコンも持っていなくて、まったくネットをやったことがありませんでした。

そんな私がネット副業の本を書くことになるなんて、当時は夢にも思っていませんでした。

本書を手に取ってくださった方の中にも、私と同じように、ネットに詳しくない方もいらっしゃるかもしれませんが、安心してください

本書を最後までご覧いただければ、月5万円を稼げるようになります。

メルカリの会員登録からはじまり、

出品して落札されやすくする方法、

さらには、仕入れをする方法もお届けいたします。

私自身、ネット副業をはじめたことにより、人生が大きく変わりました。

ネット副業で月5万円が稼げるということを実際に体験することによって、それまでの仕事に対する考え方や、人生に対する考え方までも変わり、

「もっと人生をよくしたい」

と思うようになったのです。

今までは、なんとなく独立したいなと思っていたことが、自分で考え行動するようになると、

「自分にも雇われない生き方はできるのではないか」

と思うように変わりました。考え方が変わると不思議なもので行動も変わり、今まで二の足を踏んでいたことにも積極的にチャレンジできるようになったのです。

すべては自己責任であり、今の境遇に不満なのは、社会が悪いわけでもないし、誰かのせいでもないという、今まで気づかなかったことを、ネット副業が教えてくれたのです。

プラス5万円の生活。

あなただったら、そのお金を何に使いますか？

考えただけで、わくわくしてきます。

・将来のために貯金をする
・買いたかった服を買う
・英会話をはじめる
・子供の習い事に使う

メルカリで稼いだお金を自分のため、家族のために使うことができるようになります。

いま、働き方改革で、副業をしたいと考えている人は増えています。
仕事が終わった後に深夜コンビニでバイト、休みの日に警備のバイトをするといったことも副業として考えられることのひとつですが、
・スマホを使って、隙間時間に稼ぐことができる、
点がメルカリ販売の魅力です。
この1冊であなたのメルカリ生活が楽しくなり、
より効率的に稼げるようになる方法をわかりやすく紹介いたします。
さあ、スマホを用意していただき、
一緒に楽しみながら、まずは月5万円を稼いでいきましょう！

メルカリの達人
ネット販売講師
リサイクルアドバイザー
泉澤義明

まずは押し入れの奥に
ある「いらないもの」
の出品からはじめよう

メルカリ初心者からはじめて月5万円を稼ぐ方法

もくじ

第1章 転売のプロが教えるメルカリ長者になる方法

第2章　メルカリ初心者のためのはじめ方マニュアル

第3章 メルカリ生活を10倍楽しむための基本ルール

第1章

転売のプロが教える メルカリ長者になる方法

スマホ1台で
誰でもできる!

スマホがあればメルカリは誰でも今すぐはじめられる!

「メルカリ」で稼ぐことに関心を持っていただいた方、この本を手にして、月5万円のお小遣いを稼ぐ方法に興味を持たれた方はぜひチャンスを活かしてください。テレビや新聞雑誌などで、「メルカリ」という言葉を耳にされた方は多いと思います。ご家庭にある不要品をメルカリに出品して、それを購入したい人に売るという簡単な方法です。今まで、ゴミとして処分していた不要品が、メルカリで販売すればすべてお金になります。

例えば、読み終えた雑誌や本、買ったけれど着なかった服、今は使っていないゲームソフト、使いかけの香水、数回使っただけの口紅、コンビニで無料でもらった割り箸、壊れたパソコン(ジャンク品)など、あらゆるものが実際に売買されています。

スマホで写真を撮れば、すぐにメルカリに出品できますし、売れたら、便利なメルカリ便で品物発送するだけです。本書では、その手順を優しく解説しますから、スマホ初心者でも問題なく、安心してはじめられます!

ユーチューバー社長が教える
メルカリ初心者の売り方・稼ぎ方超入門ガイド

はじめるに当たって用意するモノはこれだけ！

★スマホ

★「メルカリ」アプリ（メルカリ専用のアプリ）

★不要品（家にある処分したい品物）

**★発送用の梱包材
（売れた品物を発送するための梱包材や箱）**

**Youtubeでも
メルカリ初心者向けノウハウを発信中!!**

▲ユーチューブでは、メルカリ初心者の方の疑問に答える形で、出品の仕方についての情報を発信。「メルカリ発送のコツ、梱包のコツ、値段の付け方、意外に売れるベスト５」などの出品のコツから「月５万円を稼ぐための仕入れ情報」「メルカリの規定改定などの最新情報」、また「リサイクル品を継続販売するためのネット古物商の情報」なども配信しています。

ネット上のフリーマーケットが〝メルカリ〟

フリーマーケットといっても、週末に公園などに出店してやるわけではありません。スマホを使ったインターネット上のフリーマーケット売買ですから、面倒な手間も準備も必要なく、スマホ1つあれば不要品の出品もできますし、〝売上金〟のチェックも画面でできます。

私が講師を務めるセミナーでも、はじめてスマホを持ち、メルカリで不要品を売って月に5万円以上も売れたという方がたくさんいます。中には、10万円、20万円以上のお小遣いが稼げたと大喜びで報告に来た方もいらっしゃいます。

この本を読み進めていけば、メルカリを使えるようになり、そうすれば「月5万円のお小遣い」を稼ぐこともできるようになるはずです。そのために、本書では、ビギナー向けに、メルカリのしくみからアプリのダウンロードの方法、不要品の写真の撮り方、メルカリでの販売の手順のほか売るための説明文のテンプレート、品物の梱包・発送の方法まで、図解を交じえながら解説します。

ユーチューバー社長が教える
メルカリ初心者の売り方・稼ぎ方超入門ガイド

メルカリにはこんな特徴・魅力があります!

★売り方のコツさえ知れば
誰でも簡単に**お小遣い稼ぎができる**
（まずは目標月５万円の利益）

★誰でも**無料のフリマアプリ**が使える
（使用料も不要。出品も、購入時手数料０円で安心。出品は無料。販売できたときに10%の手数料がかかる）

★押し入れの奥にあった、捨てようと思っていた**不要品も「価値がついて売れるお宝に変えることができる」**（一部出品できない商品もある）

★**売上金はポイント表示**。現金化または、コンビニや飲食店でポイント支払いも可能。

check! メルカリの魅力、楽しみ方

実際、使ったけど自分には合わなかった香水や口紅が売れたり、洋酒の空き瓶が売れたり、松ぼっくりや流木が売れたりしています。自分にとっては価値のないものでも、ある人にとっては「価値のあるモノになり、お金を出しても買いたい」となるのが、元々のフリーマーケットの楽しみ方であり、それがメルカリの魅了でもあります。捨てようと思っていた不要品が、誰かの手に渡り、役に立ち、喜んでもらえて、大切に使ってもらえるのは嬉しいことではないでしょうか（もちろん、お金も手に入りますが）。

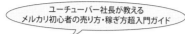

押し入れの奥の不要品は、実は宝の山！　売れる！

不要品と耳にすると、価値のないものだと誰もが思います。ですが、他の人にとっては価値がある品物になることも多いのです。

例えば、子供服なら、子供の成長とともに着られなくなります。5歳児の子供に赤ちゃんのときの産着は不要品になりますが、赤ちゃんがいる家庭なら必需品です。赤ちゃん用品は、成長とともに必要な品と不要になる品が短期間で変わります。ベビーベッド、だっこ紐、ベビーカー、洋服や靴、靴下など、赤ちゃんが成長すれば不要になります。

ブランド品やジュエリーは、多くの男性から見れば必要に迫られる品物ではありませんが、女性にとっては価値の高いお宝そのものです。ダイヤモンドの指輪、ブランド品の財布、バッグなど、女性は目を輝かせて眺める品物です。ゴルフ用品や釣り道具やゲームソフトには、多くの男性が価値を見出すでしょう。ゴルフや釣り好きにとっては、クラブや竿がなくては楽しむことができません。ゲームソフトも興味のない人にとっては不要品ですが、ゲーム好きにとっては宝物と同じなのです。

ユーチューバー社長が教える
メルカリ初心者の売り方・稼ぎ方超入門ガイド

メルカリで売れる「成功の方程式」

不要品＝お宝品

次のジャンルの品物は
ニーズが高く、欲しい人がたくさんいます。

★**ベビー用品**は、赤ちゃんのいる家庭にニーズが高い

★**ブランド品、宝飾品**は女性のニーズが高い

★**趣味用品**は、男性や子ども、若者にニーズが高い
- ゴルフ道具
- ゲーム機、ゲームソフト
- 釣り道具（竿、ルアーなど関連用品）
- スポーツ用品（ラケット、グラブ、シューズ、サングラスなど）
- プラモデル、フィギュア

★**ブランド品**（高級ブランド品であれば、古いものでもニーズが高い）
- 財布、バッグ
- 食器類、グラス類
- タオル、バスローブ、スリッパ、マット
- 洋服、パンプス
- 指輪、ネックレス

使いかけの香水が売れる！　意外性がメルカリの魅力

メルカリで意外なものが売れている事例でよく取り上げられるものに、「**使いかけのシャネルの香水**」があります。未使用ならまだ欲しいと思う人がいると想像することはできます。ところが、半分くらい減った、使い残しの香水でも出品すれば売れてしまうのがメルカリです。

シャネルの香水は、高級ですし、新品で購入するには簡単に手が出ない。使いかけでも、試しに使ってみたいと考えた人が購入したのだと思います。

高級ブランドのシャネルということもニーズが高かったポイントでしょう。使用品なので、割安、お試し感覚で購入しやすかったこともありますが、それほどシャネル製品を使ってみたい人が多いということです（シャネル以外の香水の使いかけも売れています）。

新聞の号外、コンビニでもらった割り箸も売れた！

また、こんな事例もあります。

新元号発表後に新橋駅ＳＬ広場近くで配布された、２０００本限定のコカコーラと新聞の号外がセットで１万５０００円で売れていました。

では、コンビニでお弁当を購入した時に無料でくれる**割り箸**はどうでしょうか？

無料でもらった割り箸を１本や２本の単位で販売しようとしても売れませんが、実は、これも数を**まとめると売れる**のです。

実際に、コンビニでもらった割り箸を50膳集めて売っていました。家に不要な割り箸があれば、すぐに出品できます。コンビニの割り箸は品質もいいですし、１膳ずつ包装されていて、衛生的です。

まとめると売れる――この発想で売れたものには、例えば「トイレットペーパーの芯」があります。子供の工作に使用するなど、価値を見出した人はお金を出して買うのです。

空き瓶や〝ジャンク品〟も売れるから止められない！

メルカリでは意外と高く売れるものがあります。「そんなものが売り物になるの？」と思うようなものです。

例えば、**空き瓶**。人気のあるサントリーのウイスキー「響」の12年ものの空ボトルが売れていたり、また、ニンテンドーの人気ゲーム機「スイッチ」などはジャンク品でも高値で売れます。

ジャンク品とは、そのまま使えず、本来の製品としての利用価値を失っているものを言いますが、はっきり言えば、故障品と同じです。ところが、この製品の一部の部品だけ使いたい人や電気製品の修理ができる人にとっては、〝部品のかたまり〟に見えるらしく、そこそこ人気があります。

例えば、家電品は故障すると、家電リサイクルゴミとして有料で引き取ってもらうしかありませんが、メルカリならお金になるのです。

「受験本」や「資格試験合格対策本」は高値で売れる！

メルカリの初心者が出品しやすいのが本です。売れた場合に、梱包・発送が簡単だからです。古本は、希少本でない限り、高値にはなりません。普通は、古本屋に売りに行っても引き取ってくれるかどうかわからない本であれば、リサイクルの資源ゴミとして捨てるしかありません。ところが、メルカリでは、例えば、受験本は高値がつきます。

過去の入試問題集で知られる赤本なら、古くても書き込みがあっても売れます。受験者数の多い有名な私立大学や、国立大学なら東大、京大など、旧帝国大学系の赤本は人気があります。第一志望校に合格したというエピソードでもあれば、それにあやかろうという心理も働きます。

また、資格試験の専門書も意外と高く売れます。例えば、国家資格の一級建築士や宅地建物取引主任者の参考書や過去問など、いずれも新品で購入すると高価な本ですから、たとえ古本でも必要な人にとっては欲しいものです。教材一式が20万円で売り切れた実績もあります。

家電用「リモコン」単体だけでもニーズは高い！

メルカリは、家の不要品を出品して売買するフリマです。例えば、家のテレビやブルーレイ・ディスク・プレーヤー、エアコン、扇風機、リビングライトまで、それぞれ専用のリモコンが付属しています。家電製品を買い替えたときなど、リモコンも捨てたりしていませんか？

実は、リモコンも売れる商品なのです。リモコンのスイッチの1つがうまく作動しなくなった場合、純正メーカーのリモコンを購入しようとすると結構な価格がします。サードパーティーから安価なリモコンも販売されていますが、自宅の家電に本当に適合するか不安もありますし、使い勝手も変わる点にも抵抗を持つ人が多いようです。

「いつも使っているリモコンがないかな？」という心理で、不具合が生じた自宅のリモコンと同じものをメルカリで探しているのです。特に、エアコンやテレビ、ブルーレイ・ディスク・プレーヤーなどは、リモコン単体でもニーズがあります。家電が壊れたら本体はジャンク品で出品、リモコンは稼動品で別々にメルカリに出品するのも1つのやり方です。

ただで入手したものも売れる？　知恵と工夫で売る！

私のセミナー（＝「スマホからはじめる物販・副業・複業・在宅ワーク」）参加者の中には、「メルカリで売れるようなものは、家にありません」という方がいました。はじめて参加される方の中には、必ずそうおっしゃる方がいます。不要品がないのであれば、ただで手に入れたものを売ってみましょう。メルカリなら、それもできるのです。

例えば、公園に落ちている**どんぐり**や**松ぼっくり**を拾い集めて、大きさや形を揃えて飾り付けやリースの材料として出品することも可能です。海岸に打ち寄せられた**流木**や浜辺で美しい**貝殻**を集めて、見栄えのよいものを選んで出品するのもいいでしょう。器用な人なら、それらを材料に、加工したり色づけしてディスプレイ用の飾りを出品することも考えられます。そんな手間をかけずに、大きさや形を揃えたり、選別するだけで売り物になるのです。メルカリでは、コンビニでもらった割り箸が売買されていたように、ただで手に入れたものまで売買され売れているのです。不要品がないのであれば、ただで手に入れたものを売るのもアイデアです。

壊れたスマホも古いカセットテープレコーダーも売れる

メルカリでお小遣いを稼ぐには、**あなたにとっての不要品を誰かの必要品にすること、**と考えたらどうでしょうか。

これまで使っていた携帯電話（ガラケー）やスマホが故障して、下取りもできないものになっても欲しいという人がいます。

捨てれば０円ですが、売れたらお小遣いになるのです。

また、20年や30年前に使っていたテープレコーダーやカセットテープは、今でも大切に使っている人がいるので、古い家電製品の中でも需要があるのです。今では知らない人も多いかもしれませんが、ＭＤプレーヤーやＤＡＴという高品質な音源で録音再生できる音楽プレーヤーもありました。

こうした家電は古くてもマニアがいますので、必ずと言っていいほど売れるのです。

誰かが必要品としているものを出品する、それがメルカリで稼ぐヒントなのです。

ユーチューバー社長が教える
メルカリ初心者の売り方・稼ぎ方超入門ガイド

メルカリ、フリーマーケット リサイクル時代の考え方

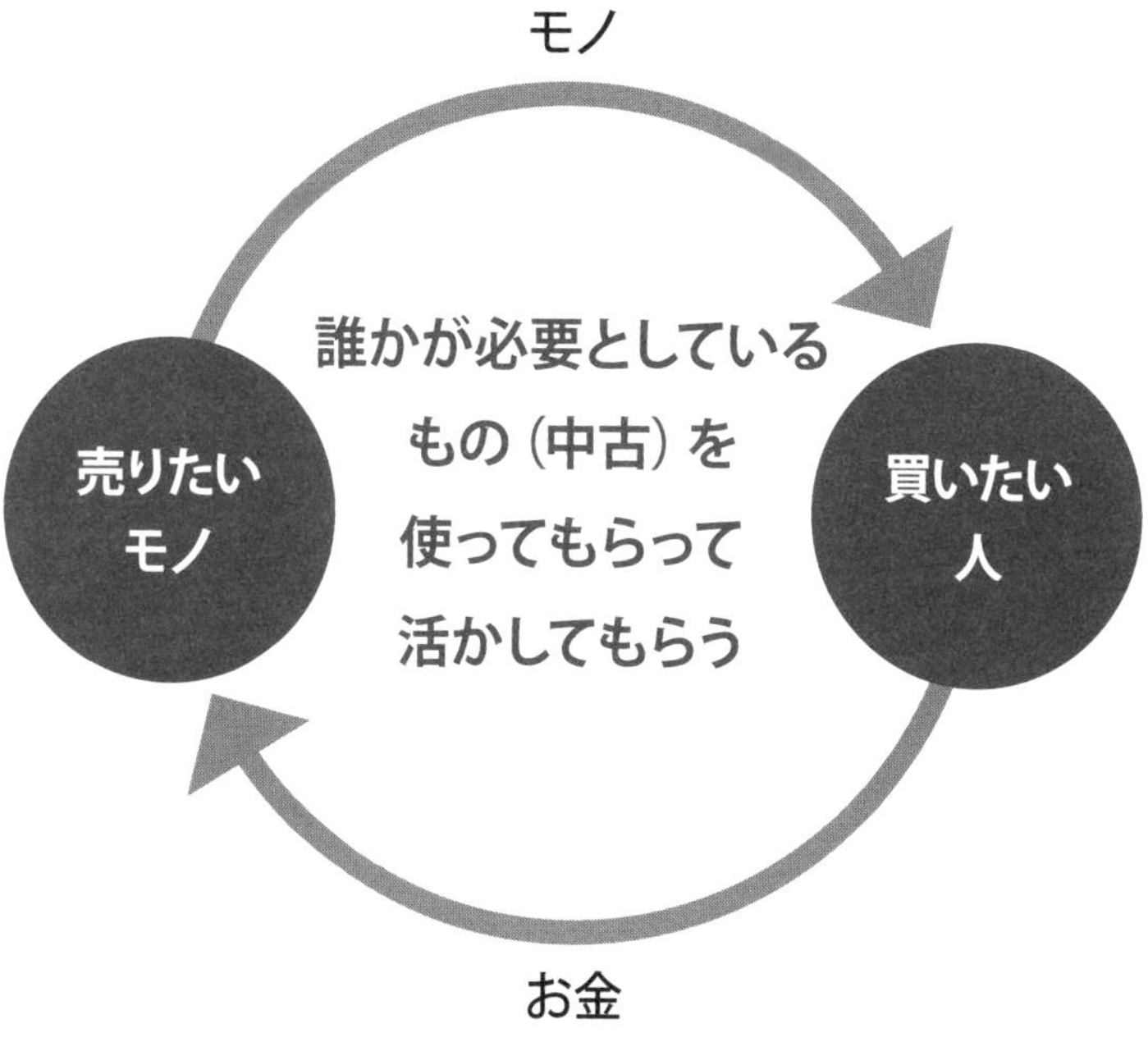
モノ
誰かが必要としている
もの（中古）を
使ってもらって
活かしてもらう
売りたい
モノ
買いたい
人
お金

メルカリ初心者でも売れた《成功事例集！》

●ビギナーの成功事例1（女性編）

メルカリ初心者のある女性の方は、家にある不要品を探してみて、20年以上前に新婚旅行先で買ったブランドバッグを見つけました。

「気に入って使ったルイ・ヴィトンのバッグですが、もう随分前から使わないままでした。想い出の品でもあるので、捨てることもできないままでした。こんな古いものでも使いたいという人がいればと思って、出品したらすぐに売れました！」

想い出の品を手放すのは淋しいものですが、ルイ・ヴィトンは人気の高級ブランドです。ニーズが高いので、出品すればすぐに売れます。

今後も使わないのであれば、出品して誰かに使ってもらったほうがお互いに〝トク〟します。古くても高値で売れるので出品価値は重要です。

【ポイント】
・ルイ・ヴィトンという人気ブランド品
・適正な値付け
・古いからと言って、安く出品しない

●ビギナーの成功事例2（男性編）

メルカリでお小遣いを稼ぐ男性の事例を紹介しましょう。ゴルフが趣味のAさんは、新し物好きで、ゴルフ道具の新製品が発売されると気になってしかたないという性格です。これまでにもいろいろなゴルフ用品を揃えては、買い替えてきました。しかし、1本10万円近い高級ゴルフクラブの購入は、奥様の反対で断念せざるを得ませんでした。

そこでメルカリを使って、古いゴルフクラブセットを売ることにしました。もともと会社の上司から譲り受けたものなので、捨てることができなかったのです。かといって、知人に押しつけるわけにもいかないと思っていたそうです。

「すぐに自分用に、ゴルフクラブ一式を購入したので、もらったものの2、3回しか使っていませんでした。出品するに当たって調べると、発送もコンビニから簡単に送れることがわかり、出品しました。そのお陰で、欲しかったドライバーが買えました」

とAさんは満面の笑みで話してくれました。

【ポイント】

・人気のゴルフ用品ブランドであったこと　↓　ニーズが高く高値がつきやすい

・発送をどうしたらいいか迷っていたが、コンビニから簡単に送れた

●ビギナーの成功事例3（高齢者編）

近年、「終活」からメルカリに関心が寄せられていると言われます。高齢者層にとって、その先のセカンドライフをどう楽しんで暮らすかは大きな課題です。そのために身の回りの不要品整理は欠かせません。そこでメルカリを活用すると課題が解決します。

スマホを最近手にしたBさんは、年金暮らしになって5年です。週2回のビル清掃のパートで生活費の足しにしている程度ですが、メルカリをはじめて楽しいと言います。

「家の不要品が売れて処分できることもいいし、知らない人とメールでやり取りできる

のも楽しいです。歳をとると、新しい人や若い人と会話する機会も減るので、刺激があって毎日スマホを見るのが楽しみになりました」

メルカリをはじめて、お小遣いも稼げて、メールをやり取りする楽しみも得られたといいます。

収集していた切手や焼きものを出品したら、結構なお小遣いになったといいます。しかも、終活にもつながる一石二鳥の楽しみができるのがメルカリなのです。

【ポイント】
・終活の一環として、身の回りの不要品を整理する　↓　セカンドライフのため
・切手や焼きものなど、収集品を整理　↓　骨董品などは高額になる可能性
・出品者と落札者との間でメール交流　↓　新たな交流が刺激に（気持ちの若返り）

●ビギナーの成功事例4（中高年編）

40代、50代の中高年層もメルカリでお小遣いを稼げます。この世代は、仕事が忙しく、なかなか自分の時間が取れません。それでもネットショッピングを経験した方なら、スマ

ホでの不要品売買でも抵抗は少ないでしょう。メルカリは、個人が不要品を売買するサイトです。時間のない人こそ、お小遣いを稼ぐチャンスでもあるのです。

営業職で会社員のCさんは、残業も多く、週末も家族サービスなどで疲れていました。お小遣い稼ぎができると聞いて、使わなくなったフィルムカメラを出品してみたといいます。すると、5万円を超える値段で売れ、思わぬお小遣いをゲットしました。

「家族で食事に出かけたときに、メルカリの売上げポイントで支払えましたし、あとは自分のお小遣いにしました。まだ、交換レンズや古い小型デジカメもあるので、金欠になる前に売ろうかと考えています」

中高年層は、週末などにじっくり時間をかけて出品するつもりではじめるといいでしょう。

【ポイント】

・フィルムカメラなど、レアものはニーズが高い　↓　売りやすい
・ヴィンテージものや高級ブランドの機種はマニアが求める　↓　高値にできる
・時間をかけて売る　↓　売り急がない

●ビギナーの成功事例5（若者世代編）

ネット環境に抵抗のない若者世代は、ネットショッピングやメルカリも活用している人が多い世代です。

社会人2年目のDさんもそんなひとりです。Dさんは市民ランナーで年に数回フルマラソン大会にも出場するほどのランニング好きです。メルカリをはじめたのは、ランニング用の時計の購入だと話します。

「練習で走った距離がわかるGPS機能付きのランニングウォッチが割安で販売されているのを見て、メルカリに登録しました。出品はゲーム用ソフトが多いですね。ゲームはクリアしたら売って、次のゲームソフトの購入資金にします。あまり良い値がつかないゲームソフトはまとめて出品して高くなるようにしています」

ゲームソフトは、商品回転が早く、人気ソフトはあっという間に高値で売れます。楽しんだら、すぐ売却するのが高く売るコツでしょう。

【ポイント】

・人気ゲームソフトは、ニーズが高い　↓　売りやすい

・ゲームソフトは楽しんだらすぐ売却　↓　割引が小さくてもニーズはある
・良い値がつかないゲームソフトはまとめて売却　↓　高値にできる

第2章
メルカリ初心者のための はじめ方マニュアル

簡単に、安全に売買できるのがメルカリの特徴

メルカリは、誰でも会員になって、「売る」「買う」ができます。
簡単に言うと次のような流れで売買の取引が行われます。

★「売りたい人」は？ ⬇ 出品する ⬇ 「買いたい人」が購入する
★「買いたい人」は？ ⬇ 出品されたものから買いたいものを選ぶ ⬇ 購入する

お金はメルカリの事務局に支払われ、売り手・買い手がお互いに評価して、取引が完了します。

その後、売上げを現金化したいときは、申請すると事務局より振り込まれます（その際、メルカリ規定の振り込み手数料がかかります）。

ユーチューバー社長が教える
メルカリ初心者の売り方・稼ぎ方超入門ガイド

メルカリのはじめ方

❶まず、メルカリの会員になる。
メルカリのフリマアプリをダウンロードする

↓

❷売りたい人は「出品する」
買いたい人は「購入する」

↓

❸お金はメルカリ事務局に支払われ、売り手と買い手が「評価」（※86頁参照）しないと振り込まれない

↓

❹売り手は商品を「発送」 ➡ 商品が届いたら相手を「評価」して届いたことを知らせる ➡ 買い手も相手を「評価」する

↓

❺取引完了！

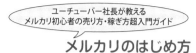

「メルカリ」のしくみを理解しよう

ここからは、読者の皆さんと一緒に、メルカリを使ったお小遣いの稼ぎ方を見ていきましょう。

メルカリアプリのダウンロードから、会員登録、出品、売れたあとの発送、メルカリポイントの現金化やポイントで交換できるサービスについて詳しく解説していきます。

さて、メルカリのしくみを理解しておきましょう。

メルカリは、フリマアプリと言いましたが、スマホの中で不用品を売買できるフリーマーケットと同じです。

たとえれば、公園で開かれるフリーマーケットに当たります。

メルカリは、スマホの中でフリーマーケットを運営する管理者になります。売買に関しては、すべてメルカリのアプリ上で行われますし、万一トラブルが起きれば、メルカリの事務局が解決のためのサポートをしてくれるので安心です。

ユーチューバー社長が教える
メルカリ初心者の売り方・稼ぎ方超入門ガイド

メルカリが「安心して売買できるしくみ」をざっくり見ていきましょう

★メルカリは、スマホの中で「フリーマーケットを運営する管理者」

↓

★売り買いは、メルカリの「アプリ」上で行われる

↓

★例えば、トラブルが起こっても、メルカリの事務局が解決のためのサポートをしてくれる

↓

★だから、安心して売ったり・買ったりできる

まず最初に、メルカリをはじめるにはアプリが必要

メルカリのしくみがわかれば、メルカリを活用するために専用のアプリ（ソフトウエア）をスマホにインストールする必要があります。アプリは無料です。インストールが不安だという人がいますが、メルカリが提供しているアプリで、心配は不要です。また、インストールするに当たって、ウイルスに感染するのではと考える人もいますが、それもありません。

スマホを便利に使うには、いろいろなアプリを使っています。電話をかける機能も実は、電話のアプリを起動させていますし、インターネットでニュースや映像を見るときにもブラウザーのアプリを起動しています。同じようにメルカリで出品している不要品のチェックや売買をするときには、メルカリのアプリが必要になります。このアプリは、アンドロイドのスマホなら、「Ｇｏｏｇｌｅ Ｐｌａｙ（グーグルプレイ）」をタップして、その中でメルカリを検索するだけです。ｉＰｈｏｎｅを使っている人は、「Ａｐｐｌｅ Ｓｔｏｒｅ（アップルストア）」をタップし、そこでメルカリを検索します。アプリを見つけたら、インストールします（ダウンロードとも言います）。

ユーチューバー社長が教える
メルカリ初心者の売り方・稼ぎ方超入門ガイド

メルカリのアプリをダウンロードしてみよう

例1　アンドロイドのスマホを使っている人の場合

①「Google Play」で「メルカリ」を検索します。
②以下のような画面を表示させます。
③画面右上の「インストール」と表示された部分をタップ（＝押す、タッチする）して開いて、インストール（＝いつでも使える状態にすること）できたか確認します。

「インストール」

例2　iPhone のスマホを使っている人の場合

①「AppleStore」で「メルカリ」を検索します。
②メルカリのアプリをインストールする
③メルカリアプリをタップして開いて、インストールできたか確認します。

次にするのは、メルカリの会員登録！

①アプリを開いて「新規会員登録」のボタンをタップ（タッチ）する

メルカリのアプリをインストールできたら、次にスマホ内のメルカリのアイコン（アプリ）をタップして開いてみましょう。

ここまでできたら、右上の**「新規会員登録」**のボタンをタップします。

なお、スマホに不慣れな人のために、再度説明しますが、**メルカリのアプリのインストールは無料で、アプリの使用料もかかりません**。また、**ウイルスに感染することもありませんので**ご安心ください。

では、新規会員登録をしてみましょう。スマホ画面には、「アカウントをお持ちでない方はこちら」となっています。水色の新規会員登録となっている部分をタップしてください。すると、次の画面に変わります。ちなみに、「Ｆａｃｅｂｏｏｋでログイン」や「Ｇｏｏｇ leでログイン」は、今回は使いません。メールアドレスやパスワード、ログインの項目が並んでいますが、会員登録には必要ありません。

②「会員情報」を入力する

画面に「会員情報入力」が表示されたら、上から順番に入力します。

・「ニックネーム」を入力する

まず、「ニックネーム」ですが、メルカリ上では、売買する上でニックネームを使います（本名を名乗ることはありません）。ニックネームはあとから変更も可能なので、適当に付けてみましょう。

・「メールアドレス」と「パスワード」を入力する

次は、「メールアドレス」と「パスワード」。メールアドレスは、メルカリからの連絡を受信することもありますので、ふだん使うものを登録しておきます。また、パスワードは、7文字以上の半角英数字となっています。パスワードは、銀行のキャッシュカードの暗証番号と同じで、誕生日や電話番号など簡単なものにしないことです。

・「本名」と「生年月日」を入力する

本人確認の情報は公開されることはありませんので、本名と生年月日を入力・選択すれば入力完了です。画面に従って、次へ進みましょう。

③電話番号の確認（入力）をすれば登録完了！

会員情報を入力したら、スマホ（携帯電話）の電話番号の確認を行います。例えば、０９０５５×××のように、ハイフンなしで電話番号を入力します。スマホの電話番号を入力したら、「ＳＮＳを送信する」をタップしましょう。

すると、ほどなくメルカリから「認証番号」（４桁の数字）が、ただちにあなたのスマホに送られてきます。これは、ショートメッセージサービス（ＳＮＳ）を利用して、メルカリから自動的にスマホに認証番号が送られてくるものです。これは本人の確認をするためのものですので、心配せずにショートメッセージを開いてください。相手が＋８１ではじまる電話番号なので、「誰から？」と戸惑うかもしれませんが、文面には「メルカリアプリの画面で入力してください。」と記載されています。

認証番号も4桁の数字が並んでいます。**4桁の認証番号を入力して「認証して完了」のボタンをタップすると、会員登録は修了です。**

注意が必要なのは、このSNSのメッセージを受け取ってから30分以内に、メルカリアプリの画面に戻って、届いた認証番号を入力することです。

ここまでできれば、次はいよいよ出品の仕方についてです！

【ポイント】

・会員登録は、画面の手順に従う　→　5分ほどで登録完了できます。
・会員登録完了後に、売買が可能　→　会員登録できているかログインしよう。
・会員登録できているとログイン可能　→　マイページを見る。

マイページは、自分が出品する不要品の撮影写真を載せたりするページです。簡単に言えば、自分のお店の中（店頭、バックヤード）みたいなものです。メルカリからのお知らせなども届きます。

【ワンポイントアドバイス●メルカリのトリセツ】

初心者に役立つメルカリガイドを活用しよう!

メルカリの会員登録ができて、マイページも得たら、もうあなたはメルカリメンバーです。これからメルカリで月5万円のお小遣いを儲けるための出品方法から発送までの手順を解説していきますが、何か不明なことが出てきたら、「メルカリガイド」のページの中に解決案がないか探してみましょう。メルカリガイドとは、取扱説明書みたいなものです。

ここには、初心者向けのルールやマナーについて、購入について、出品について、登録後のログイン、通知などの機能について、メルカリ便とは、などなどメルカリを利用するに当たって、いろいろな疑問や解決方法についてのアドバイスがあります。

何か迷ったら、ちょっと疑問があれば、このメルカリガイドから解決のヒントになることを探してみましょう。ほとんどのことは、このガイドページでわかります。

また、画面の右下に「お困りですか?　ご質問に自動で答えます」というアイコンが出ていますので、ここをタップして、自分の知りたいことを入力すれば、チャットのように回答してくれるので便利です。

メルカリのはじめ方―「プロフィールの作成」

●メルカリ実践編・6つのステップ

ここからメルカリの実践編です。
メルカリは、
①会員登録する
②プロフィールを作成する
③不用品を出品する
④売れた品を発送する
⑤評価する
⑥現金化・ポイント利用する

以上6つの手順を踏む必要があります。

こう書き出すと、煩雑で時間がかかって面倒だと思われるかもしれませんが、出品するのは3〜5分もあればできます。ただし、本書はビギナー向けですので、一つひとつ丁寧に解説していきます。すでにここまでで、会員登録は解説しました。次は、「②プロフィールを作成する」について具体的に説明していきましょう。

●「プロフィール」はどんな役割をするのか

メルカリでは、ニックネームを使うと説明しました。出品に当たっては、ニックネームを使いますが、**買い手は出品者が信頼できる人なのか不安を抱いています。購入者はこのプロフィールを見て、購入判断の材料にします**。ですから、プロフィール次第で好感度もアップできますし、出品したものがすぐに売れるようにもなります。

では、どんなプロフィールを書けば、好感度が高くなるのでしょうか？

まずは、他の人のプロフィールをいくつも見て、何をポイントに書いているのかを考えてみましょう。このプロフィールの善し悪しが「簡単に稼げる」近道になります。

会員登録後、すぐに出品も購入もできますが、稼ぐための準備として大切な作業をしておきましょう。それが、「プロフィール」の入力に当たります。

プロフィールの役割は、大きく2つあります。

1つは、**「購入者に安心感と信頼を与える」**効果。

ネットを使ったフリマでは、リアル店舗での買い物と異なり、ショップの店員の顔も見えませんし、出品者の人柄もわかりません。購入する側にとっては、知らないからこそ不安になります。多くの人が購入したくなるのは、プロフィールに色々な情報を掲載している出品者でしょう。特に品物に関する梱包や発送などに関する情報は大切です。

2つめは、**「トラブルを回避する」**効果。

すでに紹介したように、購入者が思っていたものと届いた品物に相違があったり、色やサイズが異なっていた場合に、どのように対処してくれるかについてプロフィールで記載されていると安心感が高くなります。

●稼ぐためには、プロフィール写真は必要！

ネット上での売買になるため、出品者のプロフィールが売上げのカギを握ることは理解していただけたと思います。プロフィールには、文章とともに写真も掲載できます。プロフィール写真も掲載しましょう。

写真のあるなしで、購入側の印象もガラリと変わります。自分の写真を載せるのではなく、自分の顔写真を載せる代わりに、自分のペットのカワイイ写真やお気に入りのぬいぐるみやフィギュア、風景などを載せてみましょう。

このとき、自分で撮影した画像を使いましょう。ネット上で取って来た画像を勝手に使うのは法律違反になりますので要注意です。

もしもプロフィール写真に困ったら、ネット上で公開されているフリー画像素材を活用するのもひとつの方法です。

また、フリー素材画像だといっても、中には「商用」（ビジネス目的としたもの）には利用できないものもあります。メルカリのプロフィールで使うなら、商用不可のものは使わないようにしてください。いろいろなフリー素材画像のサイトを探せば、「商用」でも無料で使用可能な場合もあります。

ユーチューバー社長が教える
メルカリ初心者の売り方・稼ぎ方超入門ガイド

「プロフィール」の役割と作成のポイント

ポイント1　プロフィールが出品者の雰囲気を語る

➡　購入者への「安心感」を高くする。

ポイント2　購入者が気になる対応力を記述する

➡　購入から発送までの日程などを、あらかじめプロフィールで明記しておくと､不要なトラブルを避けられます。

例えば、質問コメントに対して、「日中は仕事のため、コメントに対する返答は、早くて翌日となります」という一文があれば、質問コメントをする側も回答の目安がわかって安心します。

ポイント3　プロフィール写真を掲載する

➡　購入者への「安心感」＋「印象づけ」ができる。
ネットの売買ではプロフィールが信頼のカギです。
ペットやフィギュア、風景の写真でもＯＫ。

ポイント4　出品者自身の情報をプラスする

➡　プライベイトなプチ情報が「好感度」を上げる。

例えば、「好きなミステリー本を中心に出品します」と書けば、ミステリー小説が好きな人がチェックしてくれるようになります。

メルカリのはじめ方──「基本操作と使い方」に慣れよう

プロフィールを入力したら、メルカリの基本操作と使い方に慣れましょう。これからお小遣いを稼ごうとするのであれば、**どういう品物がいくらで売られているとか、どういう説明文が購買意欲を刺激するのか**、そういうことを知っておくと役に立ちます。

そこで、ここではメルカリで購入するまでの流れを追いながら、使い方を学びましょう。

まず、欲しい商品を一覧から探します。

メルカリのアプリを開くと、「新着」をはじめ「ストア」「おすすめ」のほか、商品カテゴリーとして「レディース」「ベビー・キッズ」「インテリア・雑貨」「コスメ・美容」「ハンドメイド」「チケット」「自動車・オートバイ」「スポーツ・レジャー」「家電・スマホ・カメラ」「おもちゃ・ホビー・グッズ」「本・音楽・ゲーム」「メンズ」などの項目にわかれています。

各カテゴリーの中で、気になった品物には「いいね！」をしたり、「コメントする」から品物の状態や配送方法について質問してみましょう。

メルカリで稼ぐには、購入してもらう必要があります。そこでまず購入者（買い手）の立場になってメルカリを見てみましょう。

例えば、出品が多い本を例にします。いろいろな本を様々な人が出品していることがわかります。さっと眺めて、気になる写真をタップして開きます。買いたい品物が見つかったら、「購入手続きへ」のボタンを押します。購入手続き画面が出ますので、内容を確認します。ここでは、品物の金額、送料は込みなのか別途なのか、ポイントを使用するかどうか、支払い方法、支払い金額などが表示されます。

ここで支払い方法を選択します。クレジットカードやコンビニ、携帯電話のキャリア決済、またはATMでの支払いを選ぶことができます。ただし、支払い方法によっては手数料がかかります。

また、初回の取引では配送先の登録が求められますので、自宅の住所を入力しましょう。

買い手になって、いろいろな商品を見ていると、**写真の印象が大きい**ことに気づきます。見栄えがする商品写真は、ついタップして説明文を読みたくなります。値段も購入動機になりますが、写真のクオリティは大切です。スマホで撮影するだけですが、ちょっとしたコツで、撮った写真が魅力的になります。

メルカリのはじめ方―「出品」までの流れ

出品するためには、メルカリのフリマアプリを起動し、出品をタップします。ここで、やらなければいけないことは、

①写真を撮る（商品写真を撮る）
②アルバム（すでに撮影済みの商品写真）から選んで掲載する
③バーコード（本やコスメ）をスマホのカメラで読み込む（↓商品名や定価などの基本情報が自動で入力される）
④下書き一覧（これまでに保存した下書きの説明文が確認できる）

以上になります。

●出品までの流れ・売り方

出品されている商品も様々ですが、その写真のクオリティも様々です。稼ぐためには、買い手の目に止まることが重要です。だからこそ、できる限り写真がキレイに、見栄えが

するように撮影する必要があります。

はじめてメルカリで出品するときは、「出品までの流れ」の中の「メルカリ出品までの流れ。売り方」を参考にするのもいいでしょう。一連の流れの説明が動画になっていますので、わかりやすくなっています。

出品までの手順は次の通りです。

①カメラマークをタップして、商品写真を登録します。

②商品を撮影します（10枚まで掲載できます。できる限り、商品の全体がわかるように、正面、横、ウラ側、キズや汚れのある部分など、多くの写真を掲載しましょう）

③商品名や説明、配送方法、価格などを入力します。

④商品が売れたあと、出品者と購入者がお互いを評価します。

⑤評価を付けて、取引が完了します。

もし評価が付かない場合は、メルカリ事務局が最終的に判断してくれますので、心配しなくても問題ありません。

「1秒で売れる」写真の撮り方！

メルカリは、出品する1つの商品に対して、最大10点まで写真を掲載できます。スマホで撮影できますから、撮影した写真が気に入らないときは、すぐに撮り直せます。いろいろ撮影しておいた写真の中から、その商品の写真を10点選ぶのがいいでしょう。

写真を選ぶのは、売るためのポイントです。その理由は、簡単です。買い手の立場になれば、実物を手に取って見るわけにいかないので、写真の善し悪しが購入の決め手になるからです。

買うときにチェックしたい部分がわかる写真であれば、より購入意欲を喚起します。スマホで簡単に撮り直しができますし、ロゴマークなどはズームアップして撮るなど、写真で品物の魅力が伝わるようにします。

すぐ売るための写真とは、「**買い手が見て欲しくなる**」ような写真なのです。

また、欲しくなるような上手な写真を載せている人のマネをすることもヒントになります。どんな状態で撮影されているのか、周囲の環境はどうなっているのかなど、意識して目を引く写真をマネすると上手に撮れるようになります。

「**目を引く写真のマネをしてみよう**」、これが、写真上手になるコツのひとつです。上手な写真の撮り方は、後ほど別のページで詳しく紹介します（64頁、81頁を参照してください）。

●商品写真を編集したいときはどうしたらいいのか

商品写真を撮影して、自分で編集することもできます。メルカリのマイページの中から撮影した商品写真を編集できるようになっています。

例えば、商品の周りのスペースがいらないと思ったら、画像の切り抜きをすることも簡単です。

商品写真をアップする前に、編集機能を使って、サイズや明るさなどを修正することもできます。

すでに出品している商品は、マイページにある「出品した商品＞任意の商品＞商品の編集」から編集できます。

また、写真を撮っておいて、まとめて画像アプリなどを使って編集する場合は、実物との質感、色合い、スケールなどを**修正加工し過ぎない**ことです。画像がキレイ過ぎると、実物を手にした購入者からクレームがつくリスクがあります。

できるだけ、画像編集アプリなどを使わなくてもいいように撮影しましょう。

そのためには、撮影するときには、商品の周りの明るさを確保しましょう。自然光の下で撮るのがベターです。

スマホのズーム機能を使って、アップ気味に撮るなど、メリハリのある画像をたくさん撮影してみましょう。

ユーチューバー社長が教える
メルカリ初心者の売り方・稼ぎ方超入門ガイド

写真撮影の進め方とポイント

・商品写真の編集方法

➡ 商品情報の入力画面で商品写真をタッチする。
写真の編集画面から編集する写真を選ぶ。

・編集機能を選ぶ

➡ 写真画像を編集する。サイズ、明るさなど。
実物に近い自然な印象を大切に、画像のブラッシュアップを。

・撮影用に模造紙を用意

➡ 小物など、写真の背景に模造紙を敷いて撮影する。
(簡易スタジオ風に、際立つ写真になる)

・画像アプリの使い過ぎは要注意

➡ 便利な画像アプリを駆使して、質感や色合いを
修正加工して、実物との落差をつけない。

・写真はメリハリをつける

➡ 商品写真は、全体写真のほかに、アップ写真を多めに。(※次ページ参照)

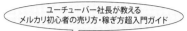

写真の上手な撮り方「全体写真のほかにアップも！」

**写真の撮り方で「買うか買わないか」が一瞬で決まるため、
写真Aのような、全体がわかる写真の他に、
例えば本だったら、タイトルが一瞬でわかるように、
寄って撮った「アップ」の写真も付ける!!**

●写真A
全体がわかる写真。

●写真B
タイトルを
大きく見せるよう
にした写真。

まずは、「出品する、商品の情報を入力する」

●商品は大きく3つの譲歩に分けられる

商品写真を撮ったら、次にするのは商品の情報を入力することです。

商品は、大きく3つの情報に分かれています。

商品は、まず、

- **「カテゴリー」**
- **「ブランド」**
- **「商品の状態」**

に分かれます。

ブランドがあれば入力します。

商品の状態は、「新品」「未使用」など、買い手が最も気にするところです。トラブルにもなりやすいので、ここは**客観的な状態を正直に入力しましょう。**

●トラブルのもとになるので「商品説明」は正確に！

商品説明では、正確な「商品名」を入力するのがポイントです。

固有名詞やアルファベット表記をうっかり間違えると、買い手の印象もよくありません。

また、**商品のメリットとデメリットを併記すると信頼度が上がります。**

もしもキズや汚れがある場合は、明記しておきましょう。

例えば、未使用品でも、開封していたら、**開封したことを説明しておく**ことがポイントになります。

「未使用品ですが、開封して中身を確認しました」という感じで入力しましょう。

さらに、「**神経質な方は、ご購入をお控えください**」などの言葉を最後に入れることで、トラブルを回避することができます。

「売れるタイトル」の付け方

●タイトルで「売る」ためのコツ

メルカリの中でも、よく売れる人とあまり売れない人がいます。その違いは出品している中身の違いだけではありません。重要なことは、「**タイトル**」です。

ネットショッピングの場合、頼りになるのは、「写真」と「具体的な説明文」しかありません。写真の次は、「タイトルと説明文が品物選びのカギ」なのです。

では、タイトルの重要性と売るためのタイトルづくりのコツを紹介しましょう。

タイトルは、40文字内に、出品するものの特長をできるだけ、要素をぎゅっと詰め込むのが基本です。

タイトルの**はじめの14文字にこだわってください**。写真と同じで、最初に目に飛び込む14文字のキーワードが、心に刺さるかどうかで、売れるのです。

逆に、してはいけないことは、品物に関係のないワードを使うことです。メルカリで購入しようと品物を探している人たちは、キーワードで検索することが多く、**品物に関係ないタイトルが付けられていると、検索したときに表示されにくくなります。**

●「限定セール」「〇〇感謝」などキャッチーな言葉を使う

商品のタイトルで、はじめの14文字にこだわるのは、なかなか難しいことです。出品情報は、随時更新されています。スマホ画面では、限られたスペースしか見ることができません。品物をあれこれ探している買い手にしてみれば、説明文を最後まで読む時間と手間をかけたくありません。

ぱっと見て、興味を惹かなければ、次の商品へ目が移ります。それをさせないためのインパクトのあるキャッチーな言葉がタイトルで使われていると、つい時間をかけて説明文を読もうとするのです。

ほかの人の出品を参考に眺めていると、「限定セール！」「土日限定！」「最終値下げ！」「限定価格」「期間限定値下げ」「最終お値下げ」をはじめ、「美品・未開封」「正規品」などなど、買い手が思わず目を止める短い魔法のようなフレーズが並んでいます。

こうした言葉をアレンジして使ってみるのもアイデアです。

●商品説明には、印象的な言葉を使う！

品物の特長をできるだけ詰め込むには、言葉選びが重要です。エッセンスを詰め込む作業になりますが、これを続けていくことが、今後の「スマホ副業」を続ける上で、とても役に立ちます。繰り返しになりますが、タイトルの40文字の中でも、はじめの14文字にこだわってください。写真と同じで、最初に目に飛び込む14文字のキーワードが、心に刺さるかどうかで、売れるのです。

例えば、新品で未使用品であれば、「新品」や「新品未使用」という言葉を必ず入れます。購入者にとって好条件になるキーワードは、入れるようにしましょう。購入を考えている人は、ネットの中の出品を見ても、説明がなければ新品か中古品かもわかりません。

新品を探している人は、「新品」というキーワード検索をするため、新品と説明文に書き入れていると、検索結果に表示されます。

「新品」「未使用」「ジャンク品」のようなキーワードは、バカ売れキーワードになります。こうした言葉をタイトルに入れることで、検索結果に表示されやすくなり、購入動機へとつながります。

メルカリ・バカ売れキーワード

★短くて「思わず手が出る」魔法の言葉を探そう

「限定セール！」　「土日限定！」　「最終値下げ！」

「限定価格」　「期間限定値下げ」　「最終お値下げ」」

「美品・未開封」　「正規品」etc.

探すヒント

自分が常日頃、ネットや、スーパー、コンビニなどで、どのような「言葉に惹かれて商品を買っているか」、自分の行動を振り返ってみよう。

また、私の、「よし！　やってみようチャンネル」でもメルカリ・バカ売れキーワードについて発信していますので、参考にしてください。

バーコードから簡単に商品名と説明を入力する方法

●バーコードから簡単に商品名と説明を入力する方法

商品名や説明文を一つひとつ入力するのは、意外と疲れます。

メルカリでは、商品のバーコードをカメラで読み取って、基本の情報を自動で入力してくれる便利な「**バーコード出品**」機能があります。

特にメルカリ初心者が出品しやすい「本」や「コスメ」は、バーコードを読み取ることができますので、とても役立ちます。

さっそく利用してみましょう。

バーコードが読み取れるのは、次のとおりです。


【対象カテゴリー】
①本、音楽、ゲーム

②コスメ、香水、美容

【手順について】
①出品画面で、「バーコード出品」を選択します。
←
②出品した商品のバーコードをスキャンします。

以上で、商品名と説明のところに基本的な情報が自動で入力されます。

身近にある本やコスメで、実際にバーコードを読み込んで確認してみましょう（なお、まれに商品によっては、「商品が見つかりませんでした」と表示されることもあります。その場合は、バーコード出品機能を使えません）。

「テンプレート」機能を使って、らくらく出品する

メルカリの出品に関して、便利な機能があります。それが「テンプレート」です。出品に当たって、説明文を入力しますが、同じような商品であれば、商品名や値段を入れ替えて使えます。最初から説明文をすべて入力すると疲れます。テンプレートを使えば、パターン化できますし、これに自分のオリジナルな思いや誠実さをアピールする言葉を付け加えていきましょう。多く出品されている「Tシャツ」「本」を事例に紹介します。

例）Tシャツ　○○ブランド（ブランド名）のロゴ入りTシャツです。先日、似たようなTシャツを購入したので出品します。カジュアルシーンで着回ししやすいデザインです。

●サイズ：タグ表記／Mサイズ　肩幅：○○センチ　カラー：ホワイト

例）本　定価：0000円　●状態：数日前に書店で購入し、カバーを外さずに一度だけ読みました。

●カバー：あり・帯あり

こんな内容のテンプレートが用意されていますので、これを基本にして説明文を入力するのが簡単でスピーディーです。

●買い手が「つい買いたくなる」ような説明文を考える

テンプレートを使って説明文を入力するのは、省力化のためでした。すぐに売れるようにするためには、説明文は非常に重要です。ここでも買い手の立場になって、考えてみましょう。

私がすすめているのは、「エピソード」を付け加えることです。

「新しいものを購入したので、出品しました。」とか「旅先でお土産に買ったものです」とか、「これを着て初詣に行ったら、おみくじで大吉が出ました」など、個人的なエピソードで構わないのです。「ラッキー」なエピソードや、共感を呼ぶようなフレーズを使った説明文づくりを心がけましょう。

例えばですが、出品の多い財布や本の場合なら、

「この財布を使っているときに宝くじを買ったら、5等1万円が当たりました！」

「この恋愛本を読んだあとに、彼氏ができました」など、心温まるようなエピソードがあるとすぐに売れたという事例もあります。

【ポイント】

★説明文は、テンプレートを上手く活用しながら、オリジナルの説明も付ける

★買い手が知りたいポイントを中心に、説明文をまとめる

↓　どこで、どんなタイミングで入手した？（購入場所、お店）

↓　（購入時の）価格

↓　状態は？（サイズ、色合い、キズや汚れの有無）

↓　使用期間は？（洋服ならクリーニング済みかどうか）

↓　手放す理由は？

↓　その商品を持っていたときにラッキーなことが起きたエピソードは？

↓　値下げ交渉はできる？（相談可能かどうか？）

★買い手が神経質な人もいるので、次の情報も付けておきたい

↓　タバコは？（喫煙者か禁煙者か）

↓　ペットを飼っているか？

買い手の気持ちになって「説明文」を作ってみよう

メルカリをはじめてみたけれど、なかなか売れないという人は、**買い手の気持ちになって品探しをしているつもりで説明文を考えてみる**といいでしょう。

第1章でも触れましたが、商品の詳細な情報＋売り主のエピソードが、ときに購買意欲を高めます。次のような情報があると好感度が高くなります。

- **タバコを吸わない**
- **ペットを飼っていない**
- **買ってから袖を1度通しただけ（試着しただけ）**
- **ドライクリーニング済み**
- **除菌シートで消毒済み**
- **商品は1点ずつ包装し、クッション材（リサイクル品）で梱包して発送**

こうしたちょっとした情報が買い手の気持ちを動かすのです。清潔感や丁寧さが感じられる言葉を使って説明することが、買い手の気持ちに寄り添うことになります。

●小物の説明文は、仕様と状態を明確に書こう

メルカリに出品しやすいものの一つに、小物があります。説明文では、商品の仕様と同時に現在の状態（使用上の気になる点）などを明確に書くことが重要になります。

例えば、中古の財布を出品する場合なら、次のような感じで気になるポイントが出てくるはずです。

- **小銭入れのところに汚れはあるか？**
- **カードは何枚入るのか？**
- **お札入れのところの縁に糸のほつれはあるか？**
- **コイン入れのフタ部分はよれていないか？　ホックは止まるか？**
- **財布の表面にキズはないか？**
- **革の色褪せなどはないか？**

出品する以上、品物のチェックは責任があります。こうしたポイントを確認しておくこ

とで、売り物としても自信を持って出品できることになります。

●古本の説明文は、書き込みがあっても正直に伝えること

古本の中でも受験本、資格試験教材、参考書は人気です。普通の古本屋では販売していない類いのものですが、アンダーラインを引いたり書き込みしたような本でもメルカリなら値段がつきます。

大学受験や高校受験の過去問集をはじめ、参考書や問題集も書き込みがあっても売れています。値段はばらばらですが、こういう古本を出品するときには、必ず、書き込みについて説明することです。

買い手は、「アンダーライン、書き込みや汚れはあるの？」と気にします。汚れていたり、ページ折れがあったり、表紙が日焼けしているなど、細かい情報を載せることで、買い手は判断してくれます。書き込み状態を明確にしておけば、質問メールも減りますし、トラブルを回避しやすくなります。

●ブランド品は、説明文でその気にさせる

＼あなたは幸運の持ち主です！／

この紙に気づいたあなただけに特別なプレゼントをご用意！

本書「メルカリ初心者からはじめて月５万円を稼ぐ方法」をお読みいただき誠にありがとうございます。

この紙に気づいた方には【無料】で【オンラインメルカリ講座】などに参加できる特典をご用意致しました。

https://makasete-auction.com/paltatsujin/page2.html

※このコンテンツは期間限定で公開しております。
配布期間をすぎると、内容の一部が見られなくなったり配布自体が終了する可能性がありますが、ご了承ください。
興味を持たれたら、今すぐ手に入れてください。

YouTubeチャンネル

泉澤義明の
よし!やってみようチャンネル
presented by Yoshiaki Izumisawa

本書と一緒に動画を見ることで

楽しく月5万円を稼ぐことができます。

下記のサイトにアクセスして

チャンネル登録をお勧め致します。

YouTubeアクセス用QRコード

Check! https://www.youtube.com/channel/UC60o8liJLTYyw5iwpkpkFuw

メルカリでは説明文が大切です。言うまでもないことですが、ネット上での売買となるため、買い手は実物の商品を手に取って確認することができません。だからこそ、売り手側が買い手の知りたい情報を提供するのがポイントになります。

製品仕様は必要最小限で、現在の状態がどうなっているのか、使用感はどうなのか、また有名なブランド品であれば、正規店で購入したものかなどなど、いろいろなことが気になります。

実際に「売り切れ」になった商品の説明文には「買い手をその気にさせる」ようなポイントが入っています。

例えば次のようなポイントです。

【ポイント】
・正規店での購入？（どこで、いつ頃入手したか）
・使用頻度・使用量は？（何回使ったものか、使用コスメなら残りの量は？）
・傷んだところの有無を詳しく（キズの場所など詳しく）
・保管状況（日焼けしていないか？　保管方法など）

ファッションは見た目で売れる!【写真の重要性】

メルカリの基本は、家にある不要品の売買ですから、割安で手にできる点が魅力です。特にファッションは季節ごとにトレンドもあり、着回す楽しさもあります。だから洋服や靴がたくさん欲しくなります。そこでメルカリで売買する人が多いのですが、同じシャツやアウターを出品しても売れ方が違います。

- **写真が違う**
- **説明文が違う**

――この2つの要素が大切です。

ファッションは見た目が重要で、雑誌やカタログでは、モデルが着用した写真を掲載しています。着用したときにイメージしやすいからです。ハンガーに吊るしたり、床に平置きにした写真だけではなく、シャツを出品するときは、パンツと一緒にコーディネートして撮影することで関心を惹き付けます。

ファッションは出品する商品の見せ方もポイントです。

ユーチューバー社長が教える
メルカリ初心者の売り方・稼ぎ方超入門ガイド

一発でイメージが伝わる撮り方を！

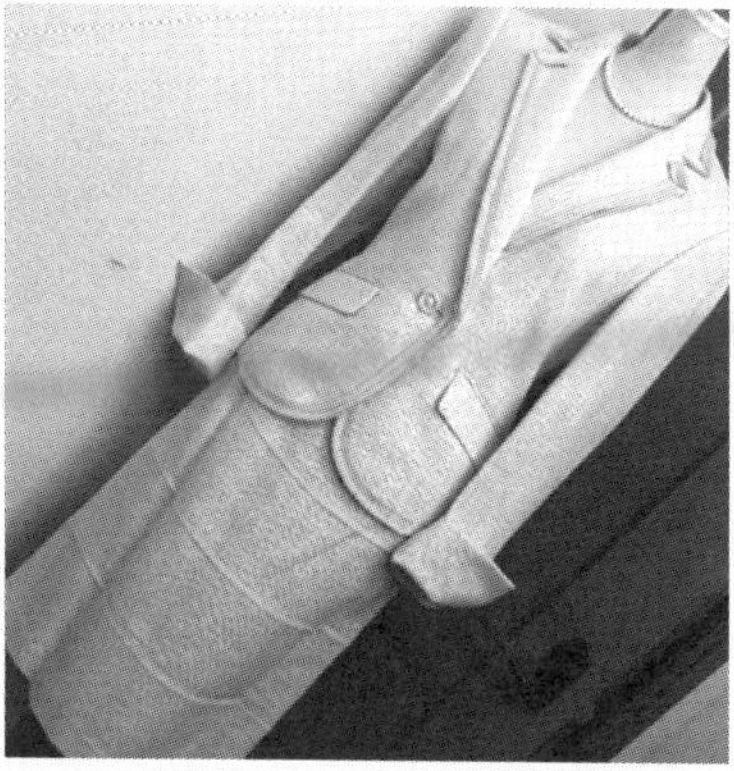

マネキンに着せると着用イメージが伝わる！

床に平置きにしても着用イメージは伝わりやすい！

【ワンポイントアドバイス●メルカリのトリセツ】

中古スマホを売りたいときは「安心スマホサポート」を活用しよう！

メルカリではいろいろな不要品が売れますが、より身近な中古のスマホもメルカリで取引されています。

例えば、機種変更したために中古のスマホを出品する人が増えています。

スマホに入っていた個人情報が漏れないか、動作不良になっていないかなど、売り手も買い手もデリケートになります。

そうした不安を解消するオプション機能として「**あんしんスマホサポート**」を有料で提供しています。これは、取引後にスマートフォン本体を出品者から検品センターへ発送し、検品センターでデータ削除や内部動作確認を行い、検品センターから購入者へ配送するというものです。検品センターの確認を取引の間に挟むことで、安心・安全なスマートフォンの取引をサポートしているのです。詳しくは、メルカリガイドの「あんしんスマホサポートについて」を確認しましょう。

メルカリの機能を使って「出品値段」を付ける方法

●「値付け」の目安とは

メルカリで出品するときに一番悩むと言われるのが、値付けです。出品する商品をいくらにするのかは悩ましいところです。

メルカリガイドでは、値付けに迷った場合には、価格は300円〜999万9999円の間で自由に付けることができます。

なお、個人間の取引の場合は、消費税はありません。

では、出品する商品にいくらの値を付ければいいのでしょうか？

適正価格はメルカリに出品された商品の中で調べることができます。同じ品物や似たような品物で、すでに売り切れた事例を探します。

例えば、定価5000円で買った同じ洋服が3800円で売却されていたとすれば、同じ値付けでもいいでしょう。

もしくは少し下げて3500円にして、どういう反響があるか様子を見るのもいいでしょう。「売り切れ」の中から同じ商品を検索して、いくらで売却したのかを知ることが値付けのヒントになります。

●メルカリの「絞り込み機能」↓「並べ替え機能」を使った出品値段の付け方

【絞り込み機能】

メルカリで値付けの目安がわかったところで、実例で説明しましょう。いま、ニナリッチの長財布（箱なし）を出品するとします。この適正価格を知りたいときには、「**絞り込み機能**」を使って、

①商品の状態を選択
②配送料の負担者を選択
③販売状況↓「売り切れ」をチェック

します。すると、ニナリッチの財布出品例（SOLD）の一覧が画面に出ます。

【並べ替え機能】

次に、「**並べ替え機能**」を使って、「**価格の高い順**」を選択すると、高値で売れた順

に上から並びます。同じまたは、似たような商品で、最も多い価格帯を目安にすると、8000円だとわかりました。

今度は、販売中の同じブランドの長財布を絞り込みます。もしも1万2000円になっていたとすれば、1万1900円にするのがコツになります。ただし、値段を下げすぎると、後から出品する人も安くする恐れもあるので、あまり安くし過ぎないことも大切です。

こうして最も売れそうな値段を探り出します。

買い手によっては、

「値段交渉できませんか？」

「もう少し安くなりますか？」

と相談してくるため、**値切られることを想定しておく**こともポイントになります。

出品の次にやることは「梱包と発送」です

メルカリに出品する商品を写真撮影し、タイトルを付け、説明文を打ち込んで、出品したら、次にやることは、梱包と発送の準備です。出品した商品が売れたら、実際に商品を梱包して発送する必要があります。メルカリ初心者の方は、ここが面倒だと諦めることもあるので、優しくわかりやすく説明していきましょう。

メルカリのユニークなシステムのひとつに、「評価」があります。商品の売買取引が成立し、商品の到着後に、買い手と売り手の両方がお互いに、今回の取引に関しての3段階評価（良い、普通、悪い）をします。今後の出品を考えれば、良い評価をつけてもらえるように、「梱包は丁寧に、発送はすみやかに」を心がけましょう。

梱包は重要です。輸送中に破損を防ぐことにもなり、買い手にとっても丁寧な梱包で品物が届くと安心です。

１００円ショップで売っている緩衝剤を使うのもいいですし、取り置いていた包装紙や紙袋などを利用してもいいでしょう。

ユーチューバー社長が教える
メルカリ初心者の売り方・稼ぎ方超入門ガイド

梱包のポイント

★梱包は丁寧に、キレイに

**→　購入者からよい評価を得るため
（信用度アップになる）**

・１００円ショップの緩衝材を利用する
・段ボールは、近くのスーパーやコンビニから譲ってもらう（サイズに注意）
・紙袋、包装紙をリサイクル活用する
・プチプチ包装を使う　など

ワンポイントアドバイス

　梱包のために、緩衝材や包装紙などを購入しなくても、家にあるものをリサイクルすることも問題ありません。その場合、「包装に関しては、リサイクル品を活用していますのでご容赦ください」と説明文の最後に付け加えておくとよいでしょう。

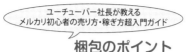

【例】本やシャツの梱包・発送にあると便利なものとは

私がいつも使っているのは、例えばこんなものです……

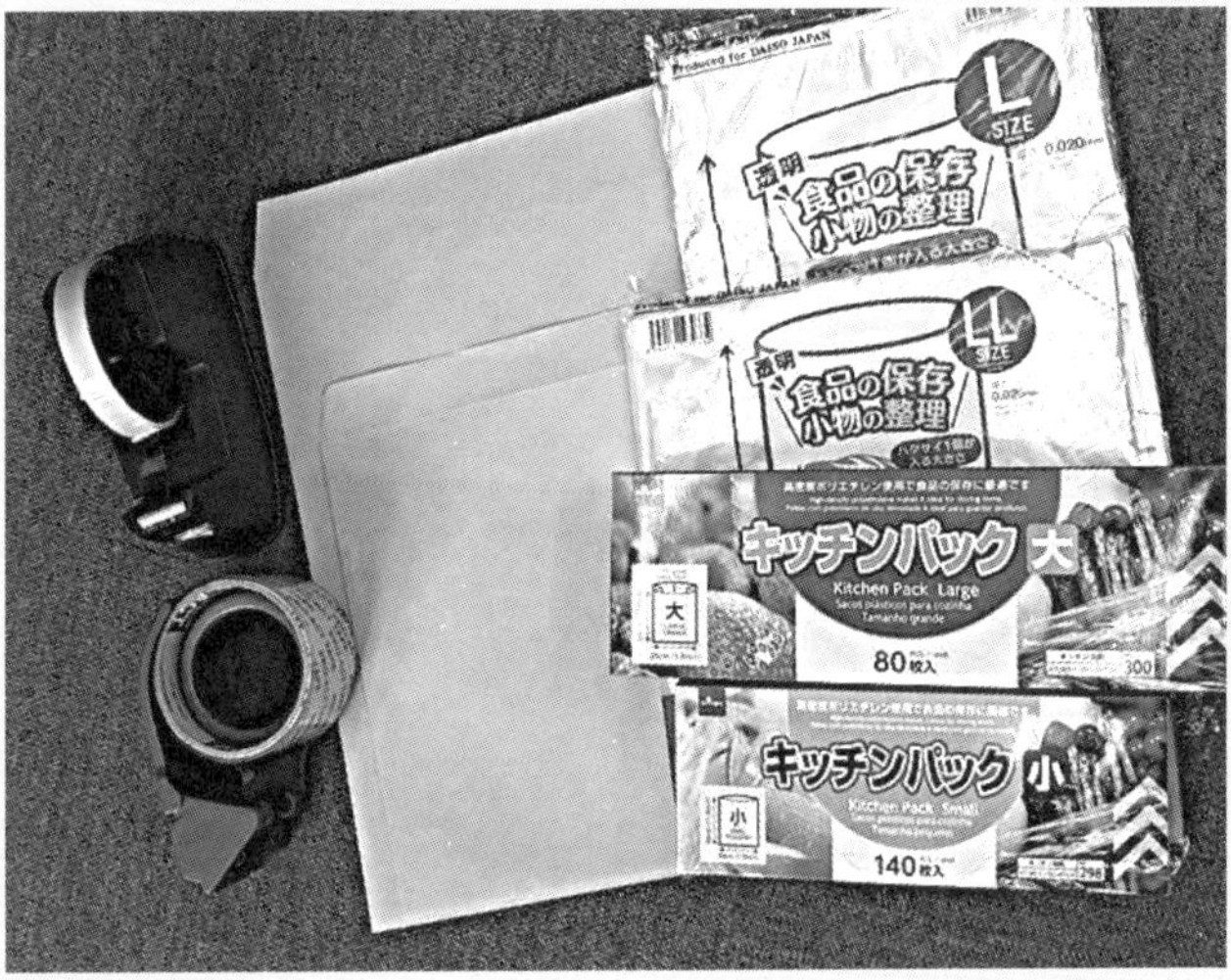

右上から百均で買った食品保存用のビニール袋のLサイズと LL サイズ。シャツなどを包むには大きめの袋が便利。

その下も百均で購入したキッチンパックで、80 枚入り・140 枚入りとお得。本などを包むのに便利。

その左の封筒は、封筒は A4 サイズと B5 サイズです。

本などは B5 で、シャツなどは A4 に入れます。

封筒は、アマゾンなどで買うと、A4・100 枚で 700 円前後で購入できます。B5・100 枚だと 450 円前後で購入できます。

2000 円以上で、送料が無料になるので、まとめ買いするとお得です。

いちばん左のセロテープと、幅の広いビニールテープも、梱包・発送の必需品です。

スムーズに発送できる「メルカリ便」の特徴って何？

出品したものが売れたら、早速梱包して発送の準備にかかります。メルカリ初心者の方から、発送に抵抗があるという声をよく聞きます。知らない相手に、自分の住所を明かしてしまうことを不安に思っているのです。

メルカリの魅力は、自分の名前や住所を相手に知らせることなく、商品が発送できる「匿名配送」システム。それが「らくらくメルカリ便」と「ゆうゆうメルカリ便」です。

メルカリ便の特徴は、①宛名書き不用、②全国一律の送料、③対応サイズが幅広い、④確認できる配送状況、⑤安全匿名配送、⑥あんしん配送補償、となります。

まず、出品時に「配送方法」から「らくらくメルカリ便」か「ゆうゆうメルカリ便」を選択します。

売れたら「取引画面」で発送方法を選択します（らくらくメルカリ便とゆうゆうメルカリ便では、発送場所が異なります。らくらくメルカリ便を選べば、ヤマト営業所やファミリーマート、セブン‐イレブンなどから送ることが簡単にできます。

らくらくメルカリ便・ゆうゆうメルカリ便の違い

	らくらくメルカリ便	ゆうゆうメルカリ便
発送場所	ヤマト営業所、ファミリーマート、サークルＫサンクス、セブン-イレブン	郵便局、ローソン
集荷	可能	－
受取場所	自宅	自宅、郵便局、ローソン、ミニストップ、日本郵便の宅配ロッカー「はこぽす」
対応サイズ	ネコポス、宅急便コンパクト、宅急便60～160サイズ	ゆうパケット、ゆうパック60～100サイズ ※はこぽすは長辺54㎝×短辺41㎝×高さ24㎝以内の商品でご利用いただけます

※メルカリホームページ参照（2020年４月末現在）

ユーチューバー社長が教える
メルカリ初心者の売り方・稼ぎ方超入門ガイド

サイズ別の配送料金

	**ネコポス**(A4サイズ、厚さ2.5㎝以内、重さ1kg以内) ・アクセサリー、スマホケース、薄手の衣類などに ※集荷の場合は、ネコポスはお使いいただけません ※最小サイズは23cm×11.5cm(長3封筒もご利用いただけます)	全国一律 195円(税込)
	**宅急便コンパクト** 子供服、小型のおもちゃ、雑貨などに ※集荷の場合は、取引ごとに集荷料30円(税込み)が追加します(配送料別) ※専用資材は別途購入70円(税込) ※ヤマトの営業所にてお買い求めください(一部コンビニでも販売されている場合がございます)	全国一律 380円(税込)
	**宅急便** 包装資材を含めた荷物の縦、横、高さの合計サイズ 厚手の衣類、くつ、大量の食料品などに ※集荷の場合は、取引ごとに集荷料30円(税込)が追加で発生します(配送料別) ※全て全国一律の税込料金	60サイズ(～2kg):700円 80サイズ(～5kg):00円 100サイズ(～10kg):1000円 120サイズ(～15kg):1,100円 140サイズ(～20kg):1,300円 160サイズ(～25kg):1,600円

※メルカリホームページ参照(2020年4月末現在)

らくらくメルカリ便を使って送ってみよう！【手順】

出品時に「**らくらくメルカリ便**」を選んでいたケースを想定して、発送する手順をわかりやすく紹介していきましょう。事例として、本を発送するとします。

ステップ1　本を包む

まず、商品を抗菌消毒した布で拭いて緩衝材などで包みます。プチプチなどの緩衝材でもいいのですが、私の場合は、ダイソーで売っているキッチンパックをよく使います。１４０枚入って１００円と経済的です。

ステップ2　全国一理値税込１９５円で送れるネコポスを使ってみよう

本や薄手の衣類などは、Ａ４サイズの「ネコポス」（厚さ２・５センチ以内）を使って送ってみましょう。送料は全国一律で１９５円（税込）になります。

ステップ3　発送方法を「コンビニ、宅配ロッカー、ヤマト運輸の営業所」から選ぶ

スマホで、**メルカリの「取引画面」から発送方法（コンビニ・宅配ロッカーから発送、またはヤマトの営業所に持ち込んで発送）を選びます。**

今回は、コンビニのファミリーマートを選択します。

ステップ4　「配送用の2次元コードの生成」によって、QRコードを出す

ここまでできれば、次は「**配送用2次元コードの生成**」に進みます。ここで発送する荷物のサイズを確認し、選択します（サイズによって料金が変わるため）。

次は、「配送用の2次元コードを表示する」をタップします。すると、QRコードが出ます。このQRコードが、匿名発送のために必要で、匿名の送付状をコンビニで出力するときに必要なのです。

「配送用の2次元コードを表示する」をタップし、QRコードが出ましたでしょうか？

ここまでできれば、メルカリ便の発送準備ができたことになります。

ステップ5　ファミリーマートにある「Famiポート」でQRコードを読み取らせる

このＱＲコードは、ファミマの店舗に設置してある「Ｆａｍｉポート（ファミポート）」（チケットの発券などができる機械）を操作して、ＱＲコードを読み取らせます。Ｆａｍｉポートの操作方法がわからないときは、店員に尋ねてください。

ステップ6　Ｆａｍｉポートから出た受付表を店員に渡して送付表を受け取る

ＱＲコードを読み取らせると、Ｆａｍｉポートから受付票（バーコード）が出力されます。この受付票が、いわゆる発送のときの送り状に当たります。

この受付票を持って、レジに持って店員に渡します。すると、レジで受付票を読み込み、独自の「送付票」（送り先や送り主は匿名のまま）を受け取ります。

ステップ7　送付表をメルカリ便に差し込めば完了！

店員から受け取った送付表ををメルカリ便に差し込めば完了です。

送付状は、必ず送り主が差し込みます。複数の発送品がある場合、商品と送り先を間違えるリスクがあるためです。送り状を差し込んだら、レジで荷物の発送手続きを依頼して完了になります。

【ポイント】

1　スマホの取引画面
↓
2　ヤマトから発送またはコンビニから発送を選ぶ
↓
3　セブン‐イレブンまたはファミリーマートを選ぶ
↓
4　荷物のサイズを選ぶ
↓
5　配送用2次元コードを表示
↓
6　コンビニでQRコードを提示

筆者もよく使うが、ファミリーマートに置いてある「Famiポート」を使えば、スムーズな発送ができる。

ゆうゆうメルカリ便で送ってみよう！【郵便局】

今度は、「ゆうゆうメルカリ便」を使って発送する手順を説明しましょう。

ステップ1　商品を梱包する

商品をキレイに折りたたみ、透明フィルム袋（「クリアポケット」などと呼ばれ100円ショップなどで売られているポリプロピレン素材の袋）に入れます。発送箱に商品を入れ、隙間にクッション材などを詰めます。

ステップ2　「取引画面」から発送場所を探す

この後は、スマホのメルカリ画面から「**取引画面**」を開いて、発送場所を確認します。画面から「利用可能な郵便局・コンビニを探す」をタップすれば、最寄りの発送場所が探せます。

ステップ3　「郵便局2次元コード」でQRコードを作って、「ゆうプリタッチ」に読み取らせて送り状を出す

次に、「郵便局用2次元コードを表示する」をタップします。これでQRコードが作成され、画面に表示されます。

これを郵便局に設置してある専用機械「**ゆうプリタッチ**」に読み取らせると、匿名になった送り状が自動で出てきます。

ステップ4　送り状をメルカリ便の箱に貼れば完了

送り状をゆうゆうメルカリ便の封筒に貼れば、完了です。

送り状を貼ったら、窓口で荷物の発送手続きを依頼して完了になります。なお、送料は商品代に含まれているため、窓口での現金支払いはありません。

【ポイント】

・ゆうゆうメルカリ便　↓　郵便局から利用

・取引画面　↓　「郵便局用2次元コードを表示する」をタップ

・QRコードを生成・表示　↓「ゆうプリタッチ」で読み取らせる
・「ゆうプリタッチ」　↓発送票が自動で出力（匿名の発送票になっている）
・発送票を貼り　↓郵便の窓口へ（発送完了）
・「発送通知」を送る　↓発送通知とともにメッセージを送るのもマナー

ゆうゆうメルカリ便で送ってみよう！【ローソン】

コンビニのローソンからも「ゆうゆうメルカリ便」を使って発送できます。近くにローソンがあれば、次の手順で発送しましょう。郵便局よりも営業時間が長いので、ローソンが便利かもしれません。

商品を梱包して、発送する封筒または箱に詰めます。その箱を持って、ローソンのレジに向かいます。ここまでは、郵便局から発送するときと手順は変わりません。最寄りのローソンに到着したら、次の手順を実践してみましょう。

【ポイント】

①店員にゆうゆうメルカリ便で送りたい旨を告げる

↓

②荷物のサイズを確認してもらい、その荷物を預ける

↓

③店内に設置されたLoppi（ロッピー）で、「Loppi専用コードをお持ちの方」

の表示をタッチする
↓
④スマホで用意していたQRコードをLoppiに読み取らせる
↓
⑤内容を確認し、発行ボタンを押す
↓
⑥バーコードが印刷された受付票が出てくる
↓
⑦その受付票を持って、レジに向かう
↓
⑧レジで受付票を渡し、送付状を受け取る
↓
⑨送付状を荷物に入れる（専用封筒・箱には、送付状を入れる小袋がある）
↓
⑩「発送通知」を送る

梱包、発送もおまかせの「たのメル便」でラクをする

出品した商品が売れたら、梱包・発送が面倒だという人が多くいます。プライバシーが守られる匿名による発送・受け取りができるにもかかわらず、気疲れしそうだという理由で、メルカリをはじめられない人もいます。確かに、商品によっては梱包に手間がかかったり、発送するためにコンビニや郵便局へ運ぶことができないケースもあります。

そんなときには、**自宅から連絡するだけで梱包も配送もできる「たのメル便」を利用しましょう**。クロネコヤマトに集荷を依頼すれば、ドライバーが家まで訪ねて来て、商品を梱包・搬出してくれます。しかも大きなサイズまで対応しているので、お任せで発送ができます。もちろん、**匿名配送してもらえるので、個人情報を購入相手に知られることはありません**。

【ポイント】

・家から楽々発送したい人は　↓　「たのメル便」を利用する

・家で待つだけの集荷・梱包・搬出サービス　↓　匿名配送でOK！

●「たのメル便」は大型家電や家具に使える

メルカリのたのメル便は、発送・梱包から集荷まで依頼できるサービスです。すでに紹介したように、本やコスメ、ファッション、小物類は、梱包も発送もしやすい商品です。メルカリ便の専用封筒や専用箱が有料で用意されているので、それほど梱包・発送に手間がかかりません。しかし、大型家電や家具などは面倒ですし、梱包ができても発送するために運ぶことができないこともあります。

どんな商品の梱包・発送に利用されているのか見てみましょう。

【出品商品数ランキング】（※メルカリ調べ２０２０年2月現在。メルカリのＨＰ参照）

1位　テレビ
2位　冷蔵庫
3位　棚／ラック
4位　洗濯機
5位　ダイニングチェア
6位　洋服タンス

■「たのメル便」の利用料金とサイズ（※メルカリHPより、2020年4月末現在）

【サイズ】	【料金（税込）】	【商品例】
・80　サイズ	1700円	スニーカー・ハンドバッグ・衣類
・120サイズ	2400円	炊飯器・電子レンジ・掃除機
・160サイズ	3400円	テレビ・空気清浄機・キャリーバッグ
・200サイズ	5000円	押入ダンス・座卓・エアコン
・250サイズ	8600円	全自動洗濯機・単身用冷蔵庫・カーペット
・300サイズ	12000円	2人がけソファ・本棚
・350サイズ	18500円	家庭用冷蔵庫・シングルベッド・自転車
・400サイズ	25400円	ダブルベッド・衣装タンス
・450サイズ	33000円	カウチソファ

メルカリの取引完了は、お互いに評価を付けてから！

メルカリのビギナーは、出品したものが売れて、購入者に発送することで取引完了と思うかもしれません。

メルカリでは、出品者と購入者が、取引したことでお互いの評価を3段階（良い、普通、悪い）で評価します。この評価を付けることがフリマの特徴でしょう。梱包の説明のときにも触れましたが、ネット上での取引のため、出品者の信頼度や誠実度の目安となるもの、それが評価だと思っていいでしょう。

ところで、評価を付けるには、商品の到着後、購入者が受取評価を付けたあと、評価待ちに進みます。そうすると、アプリの画面右上の「やることリスト」に「評価して下さい」のメッセージが届くので、購入者の評価を付けましょう。

特に問題なく取引ができた場合は、「良い」評価を付けましょう。フリマは、お店ではないので、よほどのミスや不満がなければ、「良い」を付けるのがいいでしょう。

たまに、相手から「普通」の評価を付けられて、落ち込んだり、立腹する人がいますが、残念ながら、中には気づかいがまったくできない人もいます。
できるだけ、お互いに良い評価を付けてもらうように、最善の対応を心がけましょう。

●「評価」は、次回の取引へのはじまりと考えよう！

メルカリで毎月お小遣いを稼ぐには、取引を継続したくなるような出品者になることです。一度でも購入者になってくれた人は、評価を付けてくれますし、同じ出品者から再び購入する可能性もあります。だからこそ、評価を付けるときには、商品に問題があった場合など、よほどのトラブルがない限り「良い」評価を付けるようにしましょう。

これは、購入者になったときも同じです。商品を期日内に受け取って問題なかったからといって「普通」の評価を付けるのは、思いやりがないと言われかねませんので、くれぐれも注意しましょう。メルカリは、ビジネスの場ではなく、あくまでフリマで、売り手も買い手も対等です。買い手が、客だと思って上から目線の評価を付けるのは勘違いと言えるでしょう。

取引を通して、お礼のメッセージをやり取りすることもメルカリの楽しみです。評価も相手とのコミュニケーションを円滑にするものと考え、友好的な気持ちで付けてください。

それが、メルカリを長く続けられるコツでもあるのです。

【ポイント】

・スムーズな取引をするため　→　出品者、購入者、どちらも評価を付ける
・良い評価をもらうため　→　商品の説明は、いまの状態を正直に伝える
・購入者の期待に応えるため　→　忘れずに、「発送日」とお礼のサンクスメールを送る

★メルカリの評価システムは3段階

・良い　→　特に不備もなく不満もない取引だったとき
・普通　→　商品は無事に届いたが取引に不満があったとき
・悪い　→　商品が届かない、破損していたなど、重大なトラブルがあったとき

「評価」が上がる、サンクスメッセージを添えよう！

メルカリを実践するうえで、「評価」をしないと取引が完了しないため、とても大切なことだと理解いただけたでしょうか？　評価は、経験しないとなかなか実感できません。取りあえず、評価を付ければいいと思ってはいけませんので、くれぐれも評価を高く付けてもらう努力をしましょう。この評価を頼りに、購入者は誰から買おうかと考えます。同じ品物で、同じ値段であれば、評価の高い人から購入しようと考えるのは自然です。

そこで、購入者に対しては、丁寧に、お礼の気持ちを伝えることで好印象を与える必要があります。評価を上げるためには、やはりお礼のメッセージが大事です。私は「**サンクスメッセージ**」と呼んでいますが、次回もまた取引をしてもらえるようにと、必ずサンクスメッセージを送ることにしています。

ここで、その文例を紹介しますので、お礼の気持ちを伝えるようにしましょう。

最近は、こうした定型文を送る出品者も多くなっています。さらに差別化を図りたい人は、親近感を得るために、自分が思っている商品の良さやちょっとしたエピソードを加えるといいでしょう。

【ポイント】

・評価をあげるために、購入者にはお礼のサンクスメッセージを送る

・定型例文とともに、親近感を持ってもらえるように、商品の魅力や購入したときのエピソードを添えましょう

・サンクスメッセージは、お礼の気持ちです。もしも返信が来たら、返信のお礼を返しておきましょう（返信を受け取ったことがわかります）

（文例1）

「この度はありがとうございました。
また、機会がありましたら、どうぞよろしくお願いいたします。」

（文例2）

「この度は、良い取引をありがとうございました。
また、ご縁があることを楽しみにしています。」

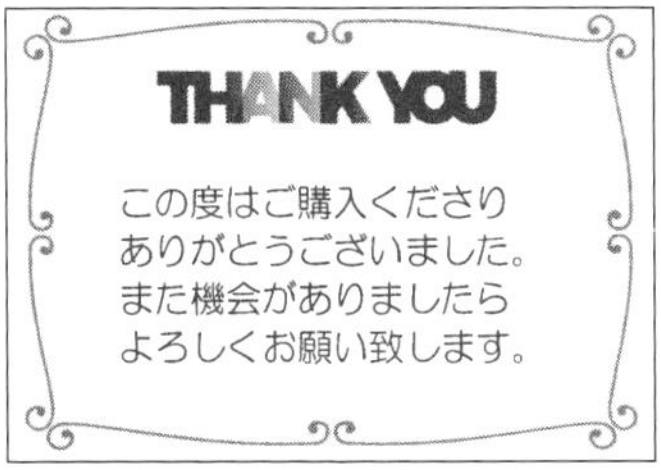
THANK YOU
この度はご購入くださり
ありがとうございました。
また機会がありましたら
よろしくお願い致します。

あらかじめ、サンクスカードを作って印刷しておくと便利。

売上金は「メルペイ」画面で確認する

ここでは、売上金について説明します。出品者が購入者を評価すると取引完了となり、販売利益が売上金（残高）となります。しかし、まだこの売上金は、現金化されていません。メルカリの中での売上金と考えてください。実は、このメルカリの売上金は３つの方法で使えます。

①現金化する（自分の銀行口座に振り込む）
②メルカリ内で買物に利用するポイント（1円＝1ポイント換算）にする
③メルペイが利用できるお店で支払い使う（キャッシュレス）

まず、メルカリのアプリ画面を開き、その画面下のアイコンから「メルペイ」をタップします。ここで、売上金が表示されており、確認できます。同じ画面内には、ポイントや（QR）コード払い、売上げ履歴、ポイント履歴、あと払い履歴を確認できるほか、売上金・ポイントをお店で使うための銀行口座の登録やお店でのあと払い設定ができるようになっています。

なお、売上を現金として受け取りたい場合は、「振込申請」をしますが、その方法について見ていきましょう。

●売上げを現金化するにはどうする？　手数料はいくらかかるの？

メルカリでは、「売上金」を「メルペイ残高」と呼んでいます。前頁で売上金は、まだ現金化されていないと説明しました。ネット上で売買の清算をしただけで、これを現金化するには、自分の銀行口座へ振り込んでもらう「振込申請」をしなければなりません。実際の売上金（現金）の振込は、メルカリから行われます。

ではさっそく、メルカリのアプリ画面の下部にある「振込申請」を選択しましょう。

・振込先の口座情報を入力する
・住所および生年月日を入力・確認する
・口座情報を確認し、【はい】をタッチします
・「振込申請金額」の空欄をタッチし、金額を入力します
・自分の口座へ振込したい金額（２０１円以上）を入力して、確認します
※なお、振込手数料（１回２００円）が振込金額から差し引かれます。

「お急ぎ振込」をしたい場合は、【選択してください】をタッチします

●お急ぎ振込サービスとは

メルカリの売上げ金は、振込申請をしてから登録した自分の銀行口座に振り込まれます。1回の振込申請ごとに200円の手数料がかかるため、振込金額は201円以上を入力しなければ振込不可となります。

では、振込申請をしてから現金化できるまでの日数には、ゆうちょ銀行とそれ以外の銀行で異なります。

例えば、月曜日の0時〜8時59分の間に申請が完了したとすれば、一般の銀行では、翌日の火曜日に振り込まれます。

申請完了が月曜の9時から23時59分であれば、同じ週の水曜日に振り込まれます。

土日の申請に関しては、翌週の火曜日が振込日になっています。ゆうちょ銀行の場合は、もう少し日数がかかります（詳しくはメルカリのホームページを参照）。

しかし、もっと早く現金化したいときには、「お急ぎ振込」サービス（1回200円必要）が利用できます。

ただし、振込手数料＋お急ぎ振込手数料＝計400円の手数料が、振り込み金額から差し引かれます。お急ぎ振込サービスの場合は、申請完了した曜日の翌日または翌々日に振り込まれます。なお、土日の申請完了については、翌週の火曜日の振り込みになります。

【お急ぎ振込サービス】

・振込申請完了した曜日
←
・翌日または翌々日に振込

●振込申請期限内に現金化しよう

メルカリの売上金を現金化するに当たって、いくつか知っておくべきことがあるので、ここでまとめて確認しておきます。

まず、現金化するには、振込申請を行いますが、180日以内に申請完了をする必要があります。なお、振込申請期限までに売上金の利用がなかった場合、登録した銀行口座に自動的に振り込まれます。ただし、銀行口座を登録していない場合、売上金が失効して消えますので、必ず銀行口座の登録を忘れないようにしましょう。
また、登録する銀行口座は、必ず本人名義にしておくことも大切です。

【ポイント】

・メルカリの売上金は、「振込申請」して、現金化します（銀行口座に振り込み）。
・メルカリの売上金は、振込申請期限があります（180日以内に申請すること）。
・売上金が失効しないように、振込用の銀行口座を登録しておきましょう。

メルカリの売上金を現金化せずに、ポイントの購入に使うこともできます。ポイントを購入する場合は、「メルペイ」画面の売上金の右隣の「ポイント購入」をタッチします。次に、必要なポイントの数字を打ち込みます。このとき、1ポイント＝1円で購入できます。

第3章

メルカリ生活を10倍楽しむための基本ルール

売買が成立したらメルカリに「10％の手数料」を払う

●5000円で売れたら500円手数料がかかる↓手元の利益を考えて出品しよう

メルカリのフリマアプリで出品したものが売れた場合、手数料がかかります。メルカリのアプリのダウンロードや使用に関しては無料ですが、実際に売買が成立すると販売手数料として代金の10％が引かれます。

例えば、5000円で出品したものが売れたとしましょう。メルカリの手数料は10％に当たる500円。したがって、手元に入る代金は、手数料を引いて4500円。このほかに品物を発送するので、その料金が別途必要になります。

送料は、品物の大きさや重さで変わってくるため、あらかじめ出品する際には、負担送料分と手数料代を考慮して、値段を付ける必要があります。

そうしないと、意外な送料がかかってしまい、出品したものが売れたとしても最終的に赤字になって損することになりかねません。出品する際に、送料がいくらくらいかかるのか考えて値付けをしましょう。

メルカリにはルールがある【出品禁止リスト】

メルカリの会員登録を済ませたら、基本ルールを知っておきましょう。

メルカリのサイトのQ＆Aでも紹介されている、次のような品物は出品が禁止されています。メルカリのサイトでも一覧表にまとめてあるので、目を通しておきましょう。

基本的には、偽ブランド品や盗品のほか、現金類や商品券、転売目的のチケット、情報商材などです。個人情報に関しても売買は禁じられていますし、医薬品や危険物は厳禁です。風紀上、アダルト関連品などで、使用済みの下着やスクール水着、体操着に関しても売買はできません。

一般的な社会常識（コモンセンス）に照らし合わせて、売買に不適格と思われるものや法律に触れるものは出品できません。

また、コロナウイルスの感染拡大で、マスク不足から買い占めによる転売をいち早く禁止したのもメルカリでした。

ルールやマナーを守ってお小遣い稼ぎができるのがメルカリだと言えるでしょう。

●禁止されている出品物（メルカリのＨＰ参照）

・偽ブランド品、正規品と確証のないもの

・知的財産権を侵害するもの

（※編集部注【知的財産基本法第2条2項……この法律で「知的財産権」とは、特許権、実用新案権、育成者権、意匠権、著作権、商標権その他の知的財産に関して法令により定められた権利又は法律上保護される利益に係る権利をいう。－特許庁ＨＰ参照－）

・盗品など不正な経路で入手した商品

・犯罪や違法行為に使用される可能性があるもの

・殺傷能力があり武器として使用されるもの

・危険物や安全性に問題があるもの

・児童ポルノやそれに類するとみなされるもの

・18禁、アダルト関連

・使用済みのスクール水着、体操着、学生服類など

・医薬品・医療機器

・許可なく製造した化粧品類や小分けした化粧品類
・法令に抵触するサプリメント類
・安全面、衛生面に問題のある食品
・たばこ
・農薬、肥料
・現金、金券類、カード類
・チケット類
・領収書や公的証明書類
・ゲームアカウントやゲーム内の通貨、アイテムなどの電子データ
・サービス・権利ど実体のないもの
・受け渡しに伴う手続きが複雑なもの
・手元にないもの
・福袋
・試作品（商品サンプル）の掲載がないオーダーメイド品
・象牙および希少野生動植物種の個体などのうち、種の保存法により必要とされている登

録がないもの

・利用制限がある、または契約や支払いが残っている携帯端末

・規制薬物・危険ドラッグ類

・個人情報を含む出品・投稿、個人情報の不正利用

・メルカリ事務局で不適切と判断されるもの

メルカリで禁止する「出品」行為とは

メルカリでは出品できないものについては、すでに紹介しました。ここでは、**出品に際してやってはいけない行為**を取り上げます。例えば、出品自体は問題無いけれど、法令上の許可や届け出が必要なものを無許可で出品することは禁止されています。

酒類販売業の免許を受けずに、継続的に酒類を出品する行為は明らかに違法行為になります。ただし、出品者が自分で飲用する目的で購入した場合は出品しても違反にはなりません。また、**出品に関しての商品画像を掲載しないことも禁止**です。このほか、**手元にない商品を販売することやオークション形式で出品することも禁止**になっています。

● **［出品］禁止事項**

× **製造や販売にあたり、法令上許可・届出・免許等が必要な商品について、許可・届出・免許等なく当該商品を出品すること（食品衛生法及び各地方公共団体の条例による保健所の営業許可を受けずに、許可が必要な食品類を出品する行為。また、酒税法による酒類販**

売業の免許を受けずに、継続的に酒類を出品する行為

× 商品の状態がわかる画像を掲載しないこと

・実物の画像がない
・転載画像のみの掲載
・画質が粗いなどで商品の把握ができない

× 手元にない商品を予約、取り寄せで販売すること

・出品時に手元にない商品の注文を受け販売すること（予約受付を含む）
・外部販売サイト等から直接購入者の住所に配送させること

× 販売を目的としない出品行為

・宣伝とみなされる出品と投稿
・探し物とみなされる出品と投稿
・売り切れの商品を出品する行為

・商品としての体裁を成していない出品
・商品の売買を目的としない出品
・募金を募る行為

× **出品者とは別の第三者の商品を代理で出品すること**

× **オークション形式の出品**

× **複数の商品を掲載し、その中から購入する商品を選択させる形式の出品**

・購入する商品の確定に選択が必須な出品状態
・購入ボタンを押すだけでは商品が確定しない出品状態

× **商品に問題があっても返品に応じないという記載をすること**

・返品不可
・ノークレーム（NC）

・ノーリターン（ＮＲ）
・ノーキャンセル（ＮＣ）
・３Ｎ（略語）
・その他、商品に問題があっても返品に応じないことを記載しているもの

×　虚偽の設定、または誤った情報を記載すること

・虚偽の商品説明
・虚偽のブランド設定、虚偽のカテゴリー設定、虚偽の商品状態設定

×　他会員の写真、文章などを無断で使用すること

他会員のプロフィール内容・画像を無断で使用すること
他会員の商品説明・画像を無断で使用すること

×　その他、事務局が不適切と判断したもの

メルカリで禁止する「配送」行為とは

メルカリには、出品だけでなく、配送に関する禁止事項もあります。いずれもメルカリのサイトにも記載されています。これらはトラブルを防ぐためのルールです。

【ポイント】 禁止の「配送」行為について

- **送料込の商品を送料別（着払い）で発送すること**
- **商品の宛先を郵便局（営業所）留めにすること**
- **郵便局留めでの発送を行う、または依頼する行為**
- **営業所留めでの発送を行う、または依頼する行為**（※違反にならないケースゆうゆうメルカリ便の「郵便局/コンビニ受取」、およびクロネコメンバーズの機能を利用した場合は該当しません）
- **商品の手渡しを強要すること**
- **支払いを行う前に出品者へ発送を促すこと**
- **海外から商品を配送すること（海外へ商品を配送することも禁止）**

メルカリで禁止する「取引」行為とは

メルカリは、基本的に法律に触れることは禁止されています。それでも時々トラブルは起きているようです。そこで、メルカリで「禁止されている行為」について細かく説明しています。

例えば、「取引」に関してですが、メルカリで用意された以外の決済方法を促したり、商品の詳細がわからない取引をしたり、メルカリが用意した取引の流れに沿わない行為が禁止に当たります。メルカリを活用する以上は、メルカリのルールに則ってお小遣い稼ぎを実践しましょう。

このほか、マネーロンダリングに当たる行為、商品の出品者自身や親族、その他関係者などが購入すること。故意の交換、半交換も禁止行為になりますので、注意しましょう。

こうした禁止された取引をした場合、メルカリからのサポートは受けられないことになります。また、メルカリでは、購入者が事務局にお金を支払い、売り手・買い手が評価した後に出品者に支払われる「あんしんの売買システム」を用意しています。そのため、メルカリで用意された決済方法を利用することがトラブル回避になります。

【ポイント】

［取引］禁止行為について

・銀行口座への直接振り込み／現金書留での決済／オンラインギフト券での決済／仮想通貨での決済／代金引換／外部サイトや対面においてのローン支払い／現金手渡しでの決済
・1つの商品に対し、支払いページを複数出品すること
・300円未満または999万9999円以上の価格で取引を促すこと
・その他、メルカリで用意された以外の決済方法を利用すること

メルカリ生活を楽しむコツはルールを守ること

これまで説明してきたようにメルカリは、家庭の不用品を売買できる楽しいフリマです。私が主催する「スマホからはじめる物販・副業・複業・在宅ワーク」のセミナー受講者たちも実際にメルカリで稼いでいます。毎月5万円どころか、20万円以上を稼ぐ人もいます。中には、家庭の不要品の出品ではもの足りず、商品を仕入れてメルカリで販売する人までいます。

また、毎月のお小遣い程度の稼ぎに飽き足らず、古物商の免許を取得して、ビジネスとして展開している人もいるほどです。それほど、メルカリは楽しみの幅を広げてくれます。

この章では、メルカリを活用して、より充実した暮らしを実現するためのノウハウを解説します。

メルカリには、取引における迷惑行為について禁止していることがいくつかあります。すでに「出品」や「発送」について触れましたが、ここでは「購入」「受取」「評価」についての迷惑行為を紹介しておきましょう。

メルカリの取引全体に詳しくなることは、達人への近道ですし、メルカリ生活をエンジョイするために欠かせません。

●「購入」「受取」「評価」についての迷惑行為の禁止（メルカリのHP参照）

◎購入

- **購入する意思のない注文またはいたずら目的と見受けられる注文**
- **自己都合により取引をキャンセルすること**

試作品や必要なくなった等の理由で、購入者都合のキャンセルはお止めください。

- **購入手続き後の商品に対して値引きを持ちかけること**
- **売却済み商品に対し取引を持ちかけること**
- **支払い期限内にお支払いが完了しないこと**
- **正しい配送先住所を設定せずに取引を行うこと**
- **購入手続き完了後に支払い方法を変更すること**
- **期限内にお支払いがないなど進行中の取引を放棄すること**

◎受取

・購入した商品を受け取らないこと
・返品合意後に商品の返済を拒否すること
・取引相手の意思を確認せず商品を返送すること

◎評価

・評価変更を強要すること
・特定の評価を行うよう強要すること
・複数回にわたり評価変更を依頼すること
・不適切な内容に評価
・評価を間違えること
・評価へ個人情報を記載すること
・自己都合で事務局へ評価を依頼すること
・評価をしないなど進行中の取引を放棄すること

メルカリを楽しむために必要なのは「常識」です

メルカリでは、いろいろなルールを規定していますが、いずれも常識(コモンセンス)と言えるような内容です。

しかし、最近はコンプライアンス(法令遵守)の意識の高さが個人や組織に求められますので、自分勝手な思い込みで「~してもいいだろう」「~しても問題ない」としないことです。もしも疑問や質問があれば、「公式Q&Aメルカリボックス」が用意してあるので、解決策を検索したり質問するといいでしょう。

ここでは、取引や配送、出品に関わる禁止行為の他に、どういうものがあるのかを簡単に紹介します。詳しくは、メルカリのサイト内に、「初心者ガイド」がありますので、そこで確認しましょう。

●メルカリで禁止されている行為「その他」より(メルカリHP参照)

- **外部サービスなどに誘導する行為**
- **迷惑行為**

・勧誘活動を行うこと
・低俗、わいせつな投稿、配信などを行うこと
・虚偽の情報の投稿・配信などを行うこと
・個人を特定しうる情報を投稿したり、収集したりすること
・メルカリアカウントの不正利用
・違法行為およびそのほう助にあたる行為
・差別を意識させたり、それらにつながる行為
・公序良俗に反する行為
・選挙運動に関するあらゆる行為
・メルカリ事務局で不適切と判断される行為

トラブル防止のために知っておきたいこと

メルカリの初心者のために、ここでは取引開始時によくあるトラブルの解決策を説明します。詳細については、メルカリサイトの「**メルカリガイド**」を読んでおきましょう。

【取引に関する主なトラブル】

・取引をキャンセルしたい　↓　**双方の評価が終わり、取引完了後は不可。**

・評価を変更したい　↓　**一度おこなった評価の変更、削除はできません。**

・発送した商品が返送されてしまった　↓　**双方で話し合いのうえ、「商品を再発送する」または、「取引のキャンセルをおこなう」**

・評価をしてくれない　↓　**発送通知をした9日後の13時をすぎると自動で取引完了となります。**

・届いた商品が説明文と違う　↓　**受取評価をおこなわず、まず出品者へ取り合わせ、その後、返品・取引キャンセルをおこないます。**

出品しても売れなかった場合はどうすればいいの？

メルカリに出品したら、すぐに売れるものもあれば、なかなか売れないものもあります。

出品してからある程度日数が過ぎても売れなかった品物は、ニーズが少ないか、値段が高いかなど、魅力的でないのかもしれません。

また、多くの人の目に触れずに、検索されてもヒットせずに、出品されていることを認識されていない可能性もあります。

そんなときは、次のような点を修正して、再度出品してみるといいでしょう。

①商品の写真を撮り直す
②タイトルを変更してみる
③説明文を書き換える
④値段を変える

①〜④を実践することで、新着アイテムとして掲載されることもありますし、タイトルに

「週末限定セール！」
「緊急値下げ！」

などを入れて注目を集めることも一案です。

価格を変更することによって上位表示されることもあります。

こうした改善ポイントを修正して注目度を高め、商品をより多くの人の目に触れるようにすることは、売れる機会を増やすことになります。

【ポイント】

・商品写真を撮り直す　↓　購入者の見たい位置からの写真になっているか？
部分アップ写真はあるか？

・タイトル変更する　↓　「○○○○セール！」「週末限定！」「激安」
「本日限り！」「1点物」「限定品」
「○○放出！」などを使っているか？

・説明文を書き換える　↓　商品名、型番は正確に記載しているか？
購入した日付、場所、価格は？
使用した感想は？　未使用？　どの程度の使用回数？

・値段を変える　↓　同様の商品と比べて、気持ち安く値付けする
最低価格があるなら、相談ＯＫを表示する

・発送日を最短に　↓　発送日を短くすることで、売れることもあります（最短の発送に変える）

出品したら朝・昼・夕方・夜の4回チェックを基本に

メルカリをはじめると、出品した商品が購入されたかどうかが気になります。

最初は気になって、時間を見つけてチェックする人がいますが、売れるかどうかはタイミングですので、**確認する時間帯を決めておきましょう**。

実は、メルカリでは売れる時間帯があります。

それが**朝と昼と夕方、夜**です。

①商品を探している人は、朝の通勤時間でメルカリを検索しています。
②昼はランチタイムを使って見ています。
③夕方は、帰宅の時間帯になります。
④また、お風呂上がりの時間に見る人も意外といるようです。
この1日4回の時間帯に出品数が多くなり、購入者も新着の出品を狙って見ています。

主に出品をしているのか、購入が中心かによっても時間帯は異なるようです。

自分の生活リズムの中で、ある程度決まった時間帯に出品をすることが大切ですが、メルカリをはじめた最初のうちは、1日3〜4回のチェックをしてみることで慣れるのがいいかもしれません。

やっているうちに、出品のタイミングや反応を感じられることもあります。基本的には、空いた時間で楽しくマイペースにやるのが長く続けるコツになります。

急がずに、気長に取り組んでみることからはじめましょう。

品物の管理がメルカリの達人への第一歩！

出品した品物が売れたら、すぐに梱包して発送する準備が必要です。

仕事の合間にやっている人なら、対応できる時間が限られています。

購入者は、1日も早く品物が届くのを待っています。発送が半日遅れただけで、荷物の受け取りが1日遅くなることもよくあります。

出品した品物は、保管場所を決めて、売れたらすぐ梱包できるように準備しておくことです。

エクセルで品物名と出品日、販売価格、送料、保管場所を管理するのが便利ですが、メルカリ用の記録ノートを作って、そこに書き込んでおいても構いません。

品物の管理が悪いと、いざ売れたときに、あちらこちらを探し回ることになりかねません。

見つからずに注文をキャンセルしたり、発送が遅れて、評価を下げてしまいます。

何となく利益が出ているからいいと思わないことです。

品物の管理と売上げ、送料の計算をしやすいように管理しておくことは、長く稼ぐメルカリ達人への第1歩でもあるのです。

【ポイント】

・品物の管理をする　↓　エクセル（表計算ソフト）を使うか、記録ノートを用意

・品物別で管理する　↓　品物別でまとめて保管すると、梱包・発送しやすい

・保管場所を確保する　↓　決めた場所に保管する。品物を探さずに、効率的に梱包・発送できる

メルカリの売上は確定申告が必要？

本書でおすすめしているのは、副業としての不要品販売です。自分の所有物を売買するため、所得税のかからない譲渡所得になり、基本的には課税されません。

ただし、1点30万円以上の貴金属や美術品等の売買による所得は、課税対象になりますので、注意が必要です。

では、確定申告が必要になる場合を説明します。

- **給与所得のある人　↓　20万円以上の利益があった場合**
- **給与所得のない人　↓　38万円以上の利益があった場合**

20万円以上の利益とは、仕入れにかかった費用などを除いての利益のことです。例えば、年間で60万円の売上があったとします。仕入れに42万円かかっていたら、実質18万円の利益なので、確定申告は不要になります。

独自の「専用」ルールはトラブルのもとに！

メルカリの出品画面を見ていると、ふと気になる表示を見かけます。それは、

「○○○様専用」

などという表記です。

これは、利用者が勝手に行っている独自のルールの一つになります。

メルカリでは、誰でも出品している商品を購入できます。

それを勝手に、特定の人のために取り置いている状態を「○○○様専用」としているのです。

独自のルールを設定している商品を購入してトラブルになった場合、メルカリ側では、「専用出品によるトラブルはサポートすることができません」と表明していますので、事前に避けましょう。

独自の「即購入禁止」ルールもトラブルのもと

メルカリが認めていない独自ルールには、「○○様専用」以外にもいくつかあります。それが「**即購入禁止**」だったり、「**コメントなし購入禁止**」です。

これは、購入希望者が出品者に、「これ買えますか?」とのコメントを入れて欲しいという意味になります。購入ボタンを押せば、メルカリでは売買が成立します。ですが、勝手に独自のルールを表示している人もいます。その理由は、二重販売をしている可能性が高いからです。同じ商品をメルカリ以外でも出品している場合、ほかの売買サイトでその商品が売れてしまった場合に、メルカリの画面には売却済みの表示は出ません。つまり、メルカリでも売買が成り立つと、出品者は商品がないのに売ったことになります。これはメルカリでは禁止されています。

購入希望者に「商品在庫があるかを確認してから購入してください」というわけです。**こうした出品者に関わるとトラブルになりやすいので、購入を控えるべきです**。また、出品する場合には、メルカリのルールとマナーを守って気持ちよい取引をしてください。

急にイベントに行けなくなったチケットは売れるの？

メルカリではチケットも出品されています。転売目的など出品できないものもありますが、急遽イベントに行けなくなってしまい、行きたい人に譲りたいという良心的な人も少なくありません。そのためのルールがメルカリにはあります。出品できないチケットとは、

①転売目的で得たとみなされるチケット
②記名式チケットや個人情報の登録のあるチケット
③記名式の航空券
④使用が利用者本人に限られているもの
⑤手元にないチケット類
⑥その他、①から⑤と同等と見なされるもの

になります。延期になりましたが、東京開催予定のオリンピック・パラリンピック競技大会のチケットは出品禁止です。右のチケットの条件に一つも当てはまらず、チケットの全体像が画像から確認できる場合に限り、チケットは出品が可能となっています。

人気のスニーカーを売るポイントは？

出品される品物の中でもスニーカーは人気です。メルカリでは、スニーカーの出品方法についても売れやすくするポイントを紹介していますので、ここでも取り上げておきます。

①商品全体画像（画像は、全体がきれいに見えるように撮影）
②つま先やかかとの画像（アップしたもの）
③内側のタグ画像（原産国、ブランド、サイズ情報がわかるように）
④ブランドのロゴ画像（インソールやかかとのアップ）
⑤説明文には、入手ルート（店舗）や購入時期（領収書や保証書の画像掲載）
⑥付属品の内容（紐、箱、布袋などがあれば画像も）

画像の空きスペースに、価格やサイズ、ブランドなどを表記しておくと、出品画像の中でも目立ち、より購買に結びつきやすくなります。買い手が知りたい情報と商品の状態がわかる画像を載せることが大切なポイントです。

出品数の多い人気のバッグは基本情報を確実に伝える

メルカリで売買される中でも人気のあるバッグ類。出品数も多いので、基本的な情報をしっかり伝えると同時に、最適な画像で安心して購入してもらいましょう。特にブランド品は、買い手が知りたいポイントでもあるので、そのリクエストに応える画像と説明文があると売りやすくなります。画像は、次のようなものを用意しましょう。

①商品の全体画像
②ブランド品ロゴ画像（アップ）
③シリアルナンバーや製造番号の画像（アップ）
④状態がわかる部分画像（持ち手、バッグの底、角、ジッパーや金具、ポケット周辺など）

説明文に関しては、入手ルートや購入時期（領収書、保証書の画像）、付属品（ショルダーストラップ、キーホルダー、箱、布袋などの画像）、サイズに関しては、縦や横幅、マチ、持ち手（ハンドルやショルダー）の長さをメジャーで測って、表示しましょう。

また、キズや汚れなど、詳細に記載しておくことで、トラブルになりにくくなります。

大人気の財布を「選んでもらう」出品のポイントは

バッグ同様、メルカリの出品で多い財布類も、バッグの出品方法とほぼ同じポイントを大切にして商品撮影や説明文を作成しましょう。ポイントは次の画像を用意しておくこと。

①商品の全体画像
②ブランドロゴ（アップ）の画像
③シリアルナンバーまたは製造番号のアップ画像
④状態がわかるマチの部分や角、カード入れのポケット部分の画像

説明文では、購入時期やお店（領収書などの画像もあればよい）、付属品（箱、布袋などあれば画像も）、素材や色、サイズについては細かくデータを記載しましょう。

財布の場合、エピソードを添えて説明すると注目されやすくなります。例えば、金運に恵まれた話なら最適です。以前、宝くじを財布に入れておいて、5万円当たりましたというエピソードを紹介したら、その財布はすぐに買い手がついたということもあります。買い手の心をくすぐるエピソードがあれば是非、紹介しましょう。

メルカリ初心者でも出品しやすいベスト5は？

メルカリ生活をエンジョイするためには、売れたときの喜びを味わうことでしょう。そこで、売れやすい商品を出品することで、メルカリの楽しさを体験してもらうのが一番です。家庭の不要品を売るためですが、ここでは、売りやすいおすすめ商品を取り上げてみましょう。不品といっても、買い手からすれば、必要品と思うから買うわけですから、必要な人に魅力的な説明がしやすい品物を出品するのが最適です。

また、取引件数が多い商品は、売れやすいと考えていいでしょう。例えば、本やまんがは出品数も多く人気商品です。売り手から考えれば、商品撮影や梱包が簡単な本は出品しやすい商品です。また、まんがならまとめて売ると高く値付けできます。全巻揃っている場合などは、バラ売りせずに、まとめ売りがいいでしょう。

高い値付けになりやすいのは、ゲームソフトやゲーム機本体で、中古のスマホやパソコンも出品におすすめです。データの初期化だけは忘れずにしましょう。

このほか、お中元やお歳暮でのもらい物も人気です。食料品の場合、説明文の中で、賞味期限を明記しておきましょう。また、アパレル商品は、出品数が多く激戦です。商品写真や説明文の上手な出品者をまねてトライしてみましょう。

【出品しやすくて売りやすいベスト5】

◎ベスト5…アパレル商品　人気の商品ジャンルですが、商品撮影や説明文の書き方のコツをつかむと面白いように売れます。

◎ベスト4…引き出物・頂き物　お祝い事やお中元やお歳暮で贈られた品物がおすすめ。ビールや缶詰の詰め合わせセットなど、賞味期限が切れる前に出品してみよう。

◎ベスト3…スマホ・パソコン　使いたい人に譲るつもりで出品しよう。売れたら、必ず梱包前に機器を初期化しておくことを忘れずに。

◎ベスト2…男性↓ゲーム　女性↓化粧品　男性は、遊ばなくなったゲームソフトやゲーム機器を出品すると、2〜3万円の高値になることも。女性は、化粧品がおすすめ。一度使って肌に合わなかった使用済みの商品でも売れます。

◎ベスト1…本　売りやすいのが本になります。出品の商品撮影も梱包や発送も簡単です。結果が出やすいと言えるでしょう。ベストセラーやまんがなども売りやすい書籍になります。まんがはまとめ売りすれば高値の取引も可能。

すぐに使える説明文のテンプレート集

●【本・CD・DVD】に使える説明文

ここでは、メルカリの初心者がすぐ活用できる説明文のテンプレートを紹介しましょう。本やDVDなど、一番売りやすいアイテムを取り上げます。

タイトルから商品説明の中に取り入れるとよいポイントを例文で示しますので、活用してください。

なお、本・CD・DVDは、バーコード機能を使えば、簡単に商品名と説明文が入力できますので、そちらも活用してください（2章71頁参照）。

▼タイトル：週末セール！（○○フェア、限定品）（一読しただけです。）　レア品　希少　コンプリート（全部そろっている）

▼商品説明文

＊「タイトル」　定価○○円
（出版社・著者／巻数／ゲームのジャンル・対応ゲーム機）
＊○○○出版　△△△著
＊PS4対応　任天堂スイッチ対応　バトル系　PRG　クイズ系　パズル系

【商品状態を入力】

＊全体的に綺麗な状態ですが、中古品のため、経年劣化はご理解ください。
＊（本）書き込みやアンダーライン、端折れはございませんが、見落としがないとも限りませんので、その点はご容赦ください。神経質な方は購入をお控えください。
＊（CD・DVD）ラックに収納したままです。ライナーノーツ付き。表紙は若干紙焼けしている場合もあります。ご理解ください。また、発売時の特典などは、付いておりませんので、ご了承ください。

【配送方法】
＊配送中の破損防止のため、梱包材で包んで発送します。ただし、梱包材にはリサイクル品を使用する場合もありますので、ご了承ください。

▼備考
＊質問、ほかの商品画像のリクエストがあれば対応いたします。
＊値下げ交渉は不可とさせていただきます。

●【スマホ・パソコン・タブレット】に使える説明文

スマホやパソコン、タブレットは、個人情報が詰まっている電子機器のため、出品に当たっては、個人データの消去・初期化することを忘れずにしましょう。機種によってスペックが異なりますので、買い手が欲しい製品情報・使用状態を詳細に記述することがポイントになります。具体例を参考にしてください。

▼タイトル：最終価格！（○○セール！）　メーカー名　商品ジャンル　型番　（製造年数・モデル・インチ数、容量など）
＊パソコン　MacBook Air 13インチ　Retina（2018年製）　型番：00000-00000
＊タブレット　iPad 10・2型Retinaディスプレイ搭載（2019年秋発売）。Wi-Fiモデル（容量32GB）
＊スマホ　アンドロイド　OSは○○○○、容量○○GB、メーカー○○○、色○○、○○○○年製

▼商品説明文
【メーカーと型番を検索後、商品のスペックを確認して記載】
＊最新型のiPadです。フルサイズの、Smart KeyboardとApple Pencilに対応。2019年の年末にプレゼントでもらったものです。未使用（開封・起動確認済み）。もう1台持っているため、出品します。

＊画面の保護シールには使用感がありますが、ディスプレイには問題ありません。

【使用環境・動作確認済みを記載】

＊通常起動・操作に問題ありません。初期化して発送します。

＊ＯＳはＷｉｎｄｏｗｓ１０です。キーボードには使用感があります。キータッチは軽く、キーストロークは浅めです。

＊付属品は○○と○○です。（電源コード、イヤフォン、セットアップ用ＤＶＤ）

【配送方法】

＊メルカリ便を利用予定です。

▼備考

＊質問、ほかの商品画像のリクエストがあれば対応いたします。

＊初期化済み。ご自分でセットアップください。

＊自分でセットアップできない方は購入をお控えください。

●【食器・家具類】に使える説明文

食器、家具、インテリアの場合もこれまでと同様に、製品スペックを紹介し、デザイン性や機能性を魅力的に説明しましょう。

▼タイトル：ブランド名　食器／家具（新品・中古）

＊大放出！　マイセン食器セット○○組（○人用）白　中古（美品）

＊最高級のアルフレックス・ダイニングテーブル　木目　W240×D90×H720ミリ

＊リーデルのワイングラスセット（4脚）ソムリエシリーズ　カベルネソーヴィニョン

▼商品説明文

＊リビング用ソファで使用していました。

＊カリモクの日本製デスク。職人技が生きた、手になじむように質感のいい木材を使用。使い込むほどに味わいが出る机です。

＊○○年○月に購入したものです。ハンドメイドの繊細なワイングラスです。このグラスで味わうとワインの味わいが格段にレベルアップして楽しめます。

【利用状況を記載する】

＊テーブルの脚元には、目立ちませんが、細かなキズがあります。

＊購入後、2、3回使用しただけです。キズ、ヒビありません。

【材質など仕様に関する情報を記載する】

＊日本の天然木を使用しています。

＊オーストリア製のハンドメイドグラス。

【配送方法】

＊（大型家具は）「たのめる便」で発送します。

▼備考

＊質問、ほかの商品画像のリクエストがあれば対応いたします。
＊中古品のため神経質な方は購入をお控えください。

●【アパレル・アクセサリー小物類】に使える説明文

メルカリ生活をエンジョイするためには、売れたときの喜びを味わうことでしょう。衣服や靴、小物などの場合の参考にしてください。

▼タイトル：商品ジャンル　ブランド名　アウター・シャツ・ジャケット・スカート・パンツ（メンズ／レディース）、新品／中古
＊限定品！　美品　人気今期モデル
＊最終価格！　早い者勝ち　超美品・未使用　即日発送

▼商品説明文

＊○年○月にイタリア・ローマ本店で購入したものです。着用したのは、5回程度。クリーニング済み。サイズは、○（S／M／L）。
＊生地は、「オーガニックコットン100％」です。
＊旅行でマカオに購入したアメジストペンダントです。鑑定書付き。○○○円で購入。ネックレスにできるプラチナチェーン、箱付き。

【配送方法】
＊即日発送します。
＊メルカリ便で発送します。折りたたみシワはご容赦ください。

▼備考
＊質問、ほかの商品画像のリクエストがあれば対応いたします。
＊神経質な方は購入をお控えください。

第4章
メルカリの売上金・ポイントが使える「メルペイ」活用術

メルカリ売上金・ポイントが電子マネーとして使える

●「メルペイ」でキャッシュレス生活を楽しめる

「メルペイ」はメルカリが提供する、キャッシュレス時代のメルカリアプリを使った新しい決済サービスです。

メルカリを利用していない人でも利用できます。既にメルカリに登録している人は、メルペイを改めて登録しなくても大丈夫です。

メルカリの売上金・ポイントが電子マネーとして使えるのがメルペイです。

メルカリ内の買い物や、コンビニやファミレスのほか、カラオケ、家電量販店、ドラッグストア、居酒屋、飲食店、ホテル、タクシーなど、メルペイが使える各店での支払いはキャッシュレスでＯＫ。

支払いに手数料はかかりません。また、メルペイにチャージ（入金）してから支払うこともできます。利用方法は、大きく2つ。

1つ目は、「iD」決済に対応のお店で使えます。

2つ目は「メルペイコード」決済に対応のお店、ネットショップで使えます。

実は、これがとっても便利です。最近は、「○○ペイ」というのが多いのですが、あれこれ使わずに、メルペイ1つで充分。

色々お得なキャンペーンを展開している、まさにメルカリ生活を豊かにエンジョイするサービスです。

この機会に、ぜひはじめましょう。

●「メルペイ」を使う準備をする

メルペイを使えば、お店での支払いがスマホで簡単にできます。ここでそのしくみと使うための準備を説明しましょう。

メルペイ画面内に「売上金」がなくてもチャージすることで支払いが可能になります。

チャージの手数料はかかりません。

チャージするために、便利な「**お支払い用銀行口座を登録**」が必要です。

画面の「お支払い用銀行口座の登録」をタップし、次に「**銀行口座を登録する**」をタップすると、銀行名がずらっと出てきます。

ここで、自分の銀行口座を選ぶと、その銀行のサイトへジャンプしますので、画面に従って入力し、登録を完了させせましょう。銀行口座を登録すると聞いて心配する人がいますが、セキュリティ対策がされていますので、心配ありません。

ところで、メルペイの売上金を使って買い物をする場合は、一度ポイントを購入（1円＝1ポイント）し、そのポイントで支払う流れになります。

メルペイで「iD決済」をするための手順

メルペイでは、支払いをするために、「お支払い用銀行口座を登録」と「アプリでかんたん本人確認」をします。

①メルペイ画面を開き、画面下にある「使い方」の「コンビニなど店舗でのお支払い方法」をタップします。

←

②次の画面で、「設定をはじめる（無料）」をタップします。

←

③メルカリに登録している携帯番号にSNS（ショートメッセージ）が届きます。本人確認のための4桁の認証番号が届くので、その番号画面に入力し、「認証して完了」をタップ。

←

④認証が完了したら「次へ」をタップします。

←

⑤そのまま「電子マネー情報の追加」をタップ。「次へ」をタップし、進みます。

←

⑥利用規約が表示されるので、同意します。

←

⑦「カードの追加」画面が出たら、「次へ」をタップします。

←

⑧「iD」マークが画面に表示され、スマホにメルペイ電子マネーが追加。

これで、メルペイによるiD決済ができるようになります。

メルペイをお店で使ってみよう

ここでは、コンビニなどで、メルペイで電子決済「iD」の支払い方法を説明しましょう。「iD」は、株式会社NTTドコモが運営する決済プラットフォームで、スマホをかざして電子決済ができる信頼の高いサービスです（全国で90万カ所以上のお店などで使えて便利）。JRなどの運賃払いで使う「Suica（スイカ）」と同じ感覚で使えます。

例えば、ドリンクを購入するため、レジで、

「支払いはiD（アイディ）で」

と言いましょう。iD決済用の機械に、購入金額が表示されるので、**金額を確認してメルペイアプリをタッチ**します。これで支払い完了となります。

ところで、メルペイの支払いは、簡単ですが、メルペイの画面を出すまでに、「メルカリフリマアプリ」をタップし、その中から「メルペイ」をタップするため、その手順に慣れないと、支払時にあわてててしまうことがあります。支払い前にメルペイ画面まで開いておくとスムーズに支払いができます。

「メルペイコード」決済の方法

メルペイで電子決済「iD」の支払い方と、もうひとつ「メルペイコード決済」の支払い方があります。

「コード払い」というのはメルペイが提供するQRコード・バーコード決済サービスのことです。

この決済をするには、売上金をポイントに交換する必要があります。まず、必要なポイント分をメルカリの売上金で購入（1円＝1ポイント）すればOKです。また、事前に「お支払い用銀行口座を登録」しておくとチャージができて便利です。

◎ポイントを購入して支払う場合

メルカリアプリの「コード払い」の画面を開き、「ポイント購入」を選びます。これでメルペイコード払いができます。

◎銀行口座からチャージ（入金）して支払う場合

メルペイの画面を開き、「お支払い用銀行口座を登録」を選び、必要な情報を入力します。そのあと、各金融機関のサイトへつながりますので、そこで本人確認などの手続きをすれば登録完了になります。これで必要な金額を銀行口座から直接チャージすることができます。

●「メルペイコード」決済をお店で使ってみよう

「メルペイコード決済」の支払い方を買物の流れで説明しましょう。

支払いの際に、レジで「支払いはメルペイで」と言いましょう。コード決済には、2つの方法があります。

1つ目は、メルカリアプリでQRコード・バーコードを提示します。その提示したコードをお店の機器で読み取ってもらい、支払いが完了します。

2つ目は、もしもお店にコード読み取りの機器がない場合は、メルカリアプリ内の「メルペイ→コード決済→QRコード読み取り」からQRコードを読み取る画面をタップ。次にお店に設置してあるＱＲコードをスマホで読み取り、「支払い金額の入力」の画面が出ます。

ここで、税込の支払い金額を入力し、「支払い金額を確認」ボタンをタップします。

ここでお店の人にも確認画面を見せ、金額が正しければ「支払う」をタップして、支払い完了となります。

いずれのコード決済も、一度やってみると簡単で、「これだけ？」と思うほどです。コード決済で利用できるお店もスーパーやコンビニ、ドラッグストア、家電量販店、カラオケまで、どんどん広がっています。

メルペイは、クーポンやキャンペーンでお得度満点！

「メルペイ」は、最大50％還元やキャッシュバックなど、各種キャンペーンを連続で展開しているほか、お得にお買い物ができるクーポンが様々用意されています。

不要品を売って、お小遣いが稼げる上に、メルペイでクーポンまでゲットできるというわけです。

お得なクーポンにも、

①値引きクーポン

②還元クーポン

の2つがあります。

値引クーポンはお支払時に使って、値引きされるタイプ。もう一つのポイント還元クーポンは、支払時に使うと翌日にポイントとして還元を受けるもので、使うほどに還元ポイントが貯まっていくタイプです。

クーポンの内容やキャンペーンは次々と新しくなるため、メルペイを使いはじめたら、もう手放せません！

メルカリでお小遣いを稼ぎ、そのポイントと一緒にクーポンを使えば、お得度満足度はさらにアップします。

メルカリ生活をはじめると、不要品の処分とともにお小遣い稼ぎができるだけではなく、クーポンやキャンペーンで、さらにお得なお買い物体験をできるようになります。

この機会に、メルペイでキャッシュレス時代を豊かにエンジョイしましょう。

第5章
メルカリの達人が教える「仕入れ」の基本と継続して稼ぐ方法

楽しく「月5万円を稼ぎ続けていくためのポイント」は何？

メルカリ疲れしないで楽しく継続して稼ぐコツは？

「メルカリは簡単に売れるけれど出品が大変……」
「梱包がめんどうで一度きりでやめてしまった……」
「値引き交渉や、細かい質問が嫌だ……」

こういったことは、「メルカリ疲れ」などという言葉があるように、実際、メルカリをはじめてみたけれど、辞めていく方がいるのも事実です。

そういった壁にぶつかったときのヒントになればと思い、「楽しく月5万円を稼ぎ続けていくためのポイント」について、最後にいくつか挙げたおきたいと思います。

◉「値引き」「質問」など」に疲れないようにするにはどうしたらいいの？

実際に極端な値引きや、答えようがない質問もありますが、面倒な面ばかりではありません。というのも、そのような、

値引き・質問がチャンスになることもある

からです。なぜかと言うと、その商品が欲しいと考えて、様子見をしていたような人は、他の人からの値引きなどの質問が入ったことにより、「(質問した人に) 買われてしまうかもしれない」と思い、あわてて買うことを決断してくれることがあるのです。こういった良い面もありますが、値引き・質問で疲れないようにすることも、メルカリを続けていくためには必要です。

●質問・値引き交渉中に他のお客に「横取りさ」れてクレームが入らないようにするコツ

お客様と出品された商品についていて、コメントのやり取りをしているときに、先の例のように、突然他の人が買ってしまうと、質問者が「横取りされた」と思い、クレームが入り、嫌に気分になったなどというケースもあります。

こうしたクレームが嫌な方は、プロフィール・説明文に、

「質問の最中やお値段交渉中であっても、販売価格でご購入される方を優先致します。」

という文言を入れておくといいでしょう。

●嫌なコメントをする人には「ブロック機能」で対応できる

それでも嫌なコメントをする人には、ブロック機能がありますので、ブロックするとい

いでしょう。

ブロックの仕方は、「ブロックしたい方のページの、右上の縦（…）のマークをクリックするとブロックできます」。

ブロックすることにより「購入・コメント・いいね・フォロー」ができなくなります。

●「値引きを考えていない場合・値引きする場合」の対応法

ちなみに、値引きに対応するときは、次のようなコメントを出して対応するといいでしょう。

①値引きを考えていないとき
「出品したばかりですので、現在のところ値下げは考えておりません。この価格でもう少し様子を見させてください。何卒よろしくお願い致します。」

②値引きしてもいいかなと思うとき
「手数料、送料がかかるためお気持ちのお値引きですが、○○円に価格を変更しましたので、ご検討よろしくお願い致します。」

楽しく続けるPOINT▼ 嫌なコメントをする人にはブロック機能で対応！

商品を送ったあとのクレーム対応のポイント

◉商品を送ったあとにくるクレーム防止策とは

商品を送ったあとも、油断は禁物です。

「届いた商品が思っていた状態と違う」

「サイズが違う」

などで、返品返金をして欲しい、などと言われることがあります。

中古品をネットで販売する場合は、商品の状態は汚れがあったり、衣類のほつれがあったり、**少しでも気になるところは説明文に入れ、写真でアップしておく**と良いでしょう。

そして、プロフィール説明文に次のような文言を入れておきましょう。

◎「素人採寸です。サイズの多少の誤差はご了承ください。)」

◎**「未使用品ですが、自宅保管品になります。」**

◎**「中古品になります、細かい事が気になる方、完璧を求める方、神経質な方はご遠慮ください。」**

◉クレームはあって当たり前という心構えも大事に

ごくまれに、こちらが悪くないことでもクレームをつけてくる人もいます。

トラブルなどは起きて当たり前と思っておく心構えも大事です。

前もってそのようなこともあると想定していれば、いざ起きても慌てずに対応できます。

◉トラブルをメルカリ事務局に相談する際の注意点

出品者、購入者双方の話し合いが平行線のときは、メルカリ事務局が間に入って対応してくれる場合もあります。

その場合、**相手への評価を入れてしまうと、取引が完了してしまうため、メルカリ事務**

局も対応が難しくなるそうです。評価を入れずに、メルカリ事務局に相談しましょう。

◉購入者に「喜んでもらえる」商品を出品しよう！

今回はトラブルのことを書きましたが、メルカリ販売をしていると、

「探していたものが見つかりました！」

とか、

「とても気に入りました！　子供も大変喜んでいて嬉しいです！」

などと喜んでいただけることがたくさんあります。

それは、実際、出品者にとってもとても嬉しいことであり、励みになるものなのです。

楽しく続けていくポイントは、購入者の方に喜んでいただくことを最優先に考えて出品していくことです。そして、出品した商品が、売れていくことがポイントです。

楽しく続けるPOINT▼ 購入者に喜んでいただける商品を出品すること

売れる物がなくなったらどうしたらいいの？

◉身の回りに売れる物がなくなってしまった……、継続するにはどうしたらいいの？

答えは、ズバリ、売れるものがなくなったら**仕入れ**をします。つまり、どこかから売れる物を探し出して、「仕入れ」をして、メルカリ販売するということです。

はじめて仕入れをする際は、とても重要ながあります。それは、

小さくはじめる

ことです。

これは良く聞く話なのですが、メルカリは売れると聞いて、メルカリをやれば儲かると思っている方がいます。

例えば、中国から仕入をすれば儲かると聞き、まだはじめたばかりで販売に慣れる前に、商品を仕入れて販売をした方が実際にいましたが、いざ販売してみるとまったく売れずに、在庫の山になってしまったという話を聞いたことがあります。

こうならないためには、まずメルカリ販売に慣れるということが大切ですが、大きな痛手にならないためには、

小さく仕入れて、小さく売る

ということがとても大切なのです。

はじめから大儲けできる話、商売はどこにもありません。

それでは、最初の仕入れはどのようにしたらいいか？

私がおすすめしているのは、家の不要品として、実際に売れた商品を、例えば、近くのリサイクルショップなどで仕入れてみることです。

次にお話しするのは、私が主催するメルカリ講座に出ていただいた方の、実際に不要品としてメルカリ出品して売れたものと同じ商品を仕入れて、1万5千円で売ったという話です。仮にAさんとします。

Aさんは、通勤で使っていたバッグをメルカリで販売しました。

このバッグはアウトレットショップで、1万円で購入したバッグです。

大変気に入っていたので、大事に使っていました。3年間、通勤用として愛用していましたが、手入れもまめにしていたので、まだまだ使えるバッグでした。

Aさんは、このバッグをメルカリで販売してみようと思い、販売価格を調べてみると、同じようなバッグが1万5千円で販売されていました。

そこで、1万5千円で自分も出品したところ、値付け通りの、1万5千円で売れました。

Aさんは、1万5千円で売れたバッグが、

「もしかしたら、近くのリサイクルショップに同じものが売っていないか？」と思いつき、実際に見に行ったところ、なんと同じようなバッグが5000円で販売されているのを見つけました。

もし、購入してメルカリで売れなくても、そのときは自分で使えばいいやと思い、少し迷ったそうですが、勇気を出して購入したそうです。

購入後、すぐにメルカリに出品したところ、またすぐに1万5000円で売れたのです。

なんと仕入れ値5000円に対して、1万5000円の売価ですから、1万円の利益を手にしたのです。

Aさんは、さらに考えました。

今度は同じバッグがメルカリ以外のネット販売で売っていないかを、探してみたそうです。現在、フリマアプリも、メルカリの他に、ペイペイフリマやラクマ、その他にもネットショッピングサイトはたくさんあります。

探してみると、同じバッグが、他のフリマアプリサイトで、7000円で販売しているのを見つけました。こちらを購入（＝仕入れ）するのもちょっと勇気が必要だったそうですが、7000円で購入してみて、またメルカリで販売したところ、1万5000円で販売できたそうです。

◉損をしないためには「適正価格で売る」という最低限の知識が必要

ファッションには流行する周期があり、昔の物が人気が出ることが良くありますので、その時々の「適正価格」を知るということが大切です。昔の物だからといって、適正価格を調べないで、安い値付けで売ってしまうと、損をするということになります。

また、あなたのように本書を購入してコツをつかんでからメルカリ販売をしてみようと

いう、勉強熱心な方は適正価格で販売する重要性について学んでいるので、安く売ることはしないのですが、

「とりあえずメルカリでもはじめてみるか」

といった考えではじめた方は、適正価格の調べ方もわからないため、自分の感覚で出品価格を決めてしまいがちです。

例えば、「このバッグは1万円で購入して、3年も使ったので、半額の5000円から出品しよう」と、今売れている相場や販売実績を調べずに出品してしまうのです。

実際は、そのバッグの適正価格が1万5000円だったらどうでしょうか。1万円も損をしていることになります。

このように、仕入れて売るということには、直接、損か得かという、利益が関係してきますので、適正価格を知るということが大切になります。そのため、大きな損をしないためにも、売買に慣れるまでは「小さくはじめる」ことが大切なのです。

楽しく続けるPOINT▼　続けるためには「適正価格」を知ることが大切

仕入れの際の「自分のルール」を作っておこう

私が主催するメルカリ販売の講座では、はじめての仕入れをする場合は、

【ルール①】「以前に身の回りの不要品を、メルカリ販売で売れた際の値段以上の金額では仕入れない」

ということを伝えています。

その他にも、仕入れを継続して行う場合の判断基準として、

【ルール②】「仕入れた物が売れたら、次の仕入れをする」

ということも伝えています。そして、

【ルール③】「『これは売れそうだな』と、自分の感覚で仕入れをしない」

【ルール④】「実際にメルカリで売れている物を仕入れる」

というルールを伝えています。

なぜか？

不要品で売れた金額を超えなければ、持ち出しが出ません。

もともと、捨ててしまおうと思っていた物が売れたお金で購入するので、自分の財布を痛めることはありません。

これは、はじめて仕入れをする方にはとても重要なことです。


メルカリは、今時流に乗り、誰がやっても売れると言われ、いきなりたくさんの物を仕入れてはじめる方もいますが、なかなか上手く販売ができません。

すると、メルカリは売れない、私は駄目だと思い、続けることができなくなってしまいます。人は損をしたと思うと　なかなか続けることができません。


まずは何が売れる商品なのかを見極めて、実際に売れる「商品」を見つけることが大切です。その上で、5章の冒頭で紹介させていただいた、バッグを売ることに成功したAさんのように、

「自分が出品して、メルカリで売れた商品が、どこか（リサイクルショップなどで）に売っていないかを探してみる」

ことが、仕入れ上手になるコツであり、とても重要なことなのです。

◉1個仕入れてみて、売れたらまた仕入れる――この繰り返しが大切

繰り返しになりますが、はじめて仕入れをする方は、

まずは小さくはじめる

ことです。

- 1個仕入れをしてみて、売れたらまた同じ物を買う
- 1個売れたら、次は2個買う

という慎重さが初心者には必要です。

仕入れは、すごく楽しいのでついどんどん購入してしまいます。なので、ここで述べてきたような、「マイルール」を作ることが大切になってきます。

楽しく続けるPOINT▼ 仕入れて売れたら、また次を仕入れる、というルールを作る

初心者はどこで仕入れたらいいのか

さて、肝心の仕入れ先ですが、どこから仕入れたらいいかというと、「リサイクルショップ」「フリーマーケット」などに行って仕入れをしてみると良いでしょう。フリーマーケットはネット販売と違い、売りに来ている人は、できるだけ家に持ち帰りたくないので、終了間際になると、売り切ってしまおうと考えて、大幅に安くなることがあります。

リサイクルショップにも、総合リサイクルショップから私のお店のように小さなものまで様々ですが、どちらも仕入れをすることができます。はじめての方におすすめしているのは、大きな総合リサイクルショップです。なぜなら、商品もたくさんあり、スペースも広く、来店しているお客さんも多くいるので、仕入れをしていても気にならないからです。

これが、私のような小さなお店ですと、店主と仕入れをするあなたの2人だけの空間になってしまい、ゆっくり商品を見ることができないと思います。もちろん、私のお店にも仕入れに来られる方もいますが、仕入れに慣れている方です。

楽しく続けるPOINT▼ 値段が下がるフリマの終わり間際は安く仕入れるチャンス

「仕入れ」の基本となる利益のチェック

商品を売った際にいくら利益が出るかの計算式は、

利益＝売上－（仕入れ＋経費）

です。

仕入れをはじめたら、利益、つまり必ず、

出と入りのチェックをする

が基本です。

その際、お金の出入りを管理するために、仕入れ商品がいくらかかるかはもちろんですが、

◎梱包にかかる経費
◎封筒・梱包袋・セロテープなどの事務用品
◎仕入れの際に移動したのであれば交通費
◎スマホの料金・勉強用の書籍・セミナー参加の領収書

などを、ノートやエクセルなどで管理するといいでしょう。

管理することで、実際の利益が出てきます。売上が上がっていても、仕入金額と経費を差し引くと、実はあまり利益がなかったということもあります。

メルカリで売れた利益の計算式は、

になります。

利益＝売上金額ー（仕入れ商品代金＋メルカリ手数料10％ー送料ー封筒などの備品）

不要品を販売しているときは、手数料と送料だけを気にしていればいいのですが、仕入れた物を販売するには、当然ですが、そこには仕入れの値段がかかってきます。

仕入れた商品が売れて、嬉しくなり、つい仕入れをたくさんしてしまうと、売上は上がっているけれども、収入が増えていないということになりかねませんので、注意が必要です。

そこで必要なのは、前に触れた仕入れのマイルールです。

【例：仕入れの利益】
◎1万円の商品が20個売れたとします。
◎売上が20万円
◎手数料は1つ10％　計2万円
◎送料は1つ５００円とします。　計1万円

◎仕入れ50個　計25万円

●売上20万円に対して　支払いは28万円になり。

●**8万円の持ち出し**になります。

もちろん、不良在庫になってしまうといけないので、損切をすることも必要になるときがあります。中には、相場がどんどん下がってくることもありますので、販売が楽しくなってきたとしても、はじめたばかりのときは、慎重に仕入れをしましょう。

あと肝心なのは、自分で出品する際にかかった時間や仕入れにかかった時間を調べ、出品からお金が手に入るまでに要した時間も絶えず気にかけることです。

時間当たりのコストを気にすることで、副業にしても自分にかかる人件費を意識することになります。

これを実践することが、月5万円を継続して稼ぐ近道になります。

楽しく続けるPOINT▼　損しないで続けるためにはお金の「出と入り」をしっかり頭に入れる

あとがき～新型コロナウイルス対策として「非対面での受け取り＆発送」についての配慮を！

最後までお読みいただきありがとうございました。すでにメルカリに出品されたことがある方は継続して楽しんでいただければと思います。この本を読んで「はじめてみよう」と考えているあなた、ぜひ、メルカリに出品してみてください。

本書執筆中の5月4日、政府は新型コロナウイルス感染症拡大防止の緊急事態宣言を5月末まで延長することを決定しました。メルカリでは、5月初旬「**新型コロナウイルスの感染拡大に伴うご協力のお願い**」として、次の点について発表しました（メルカリHP参照）。

【●商品の出品について　●商品の受け取りと発送について（非対面での商品のお受け取りと発送について）　●お問い合わせ対応について】

この中の「非対面での商品のお受け取りと発送について」に触れたいと思います。

「**■非対面でのお受け取りについて**／配達担当者が自宅へお伺いの際に、非対面での受け取りをご希望の旨をお伝えいただくと、玄関前等のお客さまの指定場所にお荷物をお届けいたします。らくらくメルカリ便、ゆうゆうメルカリ便の一部配送方法でもご利用いただけます。詳細は、各配送会社のホームページをご確認ください。

・ヤマト運輸（外部サイト）／非対面による荷物のお受け取りについて

・日本郵便（外部サイト）／ゆうパックおよび書留郵便物等のお受取方法について

■**非対面での発送について**／らくらくメルカリ便をご利用の場合、オープン型宅配便ロッカーPUDOステーションをご利用いただくことで、売れた商品を非対面で発送することが可能です。詳細は以下のガイドをご参照ください。

・オープン型宅配便ロッカーPUDOステーション／・オープン型宅配便ロッカーPUDOステーションの操作方法／引き続きメルカリをよろしくお願いいたします。」

メルカリでは、こうした非対面での、受け取り・発送をはじめましたが、非対面であっても、メルカリに出品する人、購入していただいたお客様、そして、商品を運んでいただくドライバーの方、アプリを提供していただいているメルカリさんの想いは同じです。つまり、「売って嬉しい、買って嬉しい、届いてさらに嬉しい」。そして、本書を読んでいただいた、これから出品してお小遣いを手に入れる皆様にとっては、「収入にもなりさらに嬉しい！」ということです。

あなたのメルカリライフで、月5万円を達成することを応援しています。さらに、次の目標である10万円、20万円を獲得することを、さらには、起業をめざす方も応援しています。

また、お逢いできることを楽しみにしています！

令和2年　5月吉日

泉澤義明

泉澤義明（いずみさわ・よしあき）
1970年千葉県生まれ。リサイクルアドバイザー。古物商・ブランドリサイクルショップ『ブルーム』店主。ネット販売講師。広告代理店、テレビ制作会社勤務を経たのち独立。会社勤めをしているときにネットオークションに興味を持ち、出品を始める。オークションは順調に売上を伸ばし、副業として始めて、半年後に会社を退職し、独立して〝ネット古物商〟となる。最近では、自らの経験を活かしたネット販売の講師としても活躍。実際、講師を始めてみると受講者から「わかりやすい」「すぐに結果が出る」と大好評になり、受講者の中からは、副業１年目で利益200万円を出す方、独立起業してネット古物商を始められる方を続々と輩出するなど、その実践的な教え方には定評がある。自らの商売も10年以上経ち、オークション取引はヤフオク・メルカリ合わせて１万件以上の高評価を得ている。主な著書である、『メルカリの達人　#1日５分月５万円のおこづかいの稼ぎ方！』『雇われたくない人の「ゆるゆるスモール起業」のススメ』（共に小社刊）が好評を得ている。
◎ブランドリサイクルショップ『ブルーム』
千葉県船橋市本中山2-14-13　STコア1階
mail:izumisawa@pleasure-link.com

編集協力●福崎 剛

メルカリ初心者《しょしんしゃ》からはじめて
月《つき》5万円《まんえん》を稼《かせ》ぐ方法《ほうほう》

2020年6月5日　初版発行

著者　泉澤義明
発行者　常塚嘉明
発行所　株式会社 ぱる出版

〒160-0011　東京都新宿区若葉1-9-16
03(3353)2835—代表　03(3353)2826—FAX
03(3353)3679—編集
振替　東京 00100-3-131586
印刷・製本　中央精版印刷(株)

ISBN978-4-8272-1236-5　C0034

Ａｍａｚｏｎのアカウントの移管については、少しコツが必要です。売主、買主ともに用意しておくものがあり、手順通りにやらないとアカウントが制限や凍結になる恐れもありますので、気を付けてください。現在私はサイトマさんと業務提携して、Ａｍａｚｏｎアカウント譲渡のアドバイスも行っています（有料）。もし、売却することになったらぜひご利用ください。直接ＴｗｉｔｔｅｒでＤＭをいただいても対応いたします。

☆Amazonアカウントは売れる！

Ａｍａｚｏｎのアカウントに関しては売買が結構さかんに行われていると感じました。買主はアカウントの力や、販売のノウハウを知ってビジネスをしていきたいですし、売主は他のビジネスを始めるにあたってのまとまった資金を用意するために売却を検討したり、せどりを辞めるときに売ってしまってもいいのではないでしょうか。Ａｍａｚｏｎだけが販路とは限りません。メルカリやヤフオクで稼いでいる人もいます。Ａｍａｚｏｎにチャレンジして、ある程度成果が出れば、そのアカウントは高く売れるので、しっかり育てていくといいでしょう。

また、買主の中には、一度アカウント凍結されたために購入したいという方もいるようです。その場合は10~50万での取引があるそうです。もしかしたら、アカウントを作っておくだけで売れるということがあるかもしれません。チャレンジしてみる価値はありそうですね。

6章

その他の副業にも
チャレンジしてみる

これからは副業が当たり前の時代

☆副業は会社にバレるか？

政府が2018年に「**副業・兼業の促進に関するガイドライン**」を作成したことがきっかけとなり、副業・兼業の気運が高まっています。大手企業での副業解禁のニュースも増えました。2020年にはコロナ禍で出勤できず、自宅待機やテレワークが増えたことも背景となり、副業ブームが到来しています。

副業解禁は、表向きには「社外でスキルを磨き、広い視野を持って欲しい」などと謳っていますが、社員に高い退職金を出せなくなっているという裏側もあります。代わりに、「外で稼いでもいいよ」という選択肢を与えることで、退職金を少なくする免罪符を企業に与えてしまっているとも言えます。優秀な社員は、副業をすることで社外にキャリアや人脈を形成し、独立のために退職していく人も増えてくるでしょう。

副業がバレたらどうなるか。この心配をしている人がとても多いです。ペナルティを受けたり、会社での立場が悪くなったりするかもしれませんが、副業がバレるかどうかは稼いでから悩めばいいです。

副業を始めるにあたって、「開業届」と「青色申告承認申請書」をお住まいの管轄の税務署に出しておきましょう。年間で20万以上稼いだら、確定申告をする必要があります。無申告だと、税務調査が入り、脱税を疑われることになります。

開業届も青色申告承認申請書も、用紙を1枚書いて税務署に提出（郵送）するだけです。その情報があなたの勤め先に行くことはありません。また、確定申告はサラリーマンの人は行わないと思っている人が多いですが、確定申告を行うことで支払う所得税が少なくなったり、還付を受けられたりもします。

副業がバレるケースでよくあるのは、副業による住民税の増加です。会社員の多くは、毎月の給料から住民税が天引きされます（特別徴収といいます）。住民税の納税額は前年度の所得によって決まります。このため、副業で収入が増えると住民税も増え、会社の経理に「副業をしている のでは？」と疑われる恐れがあります。開業届を出す際に

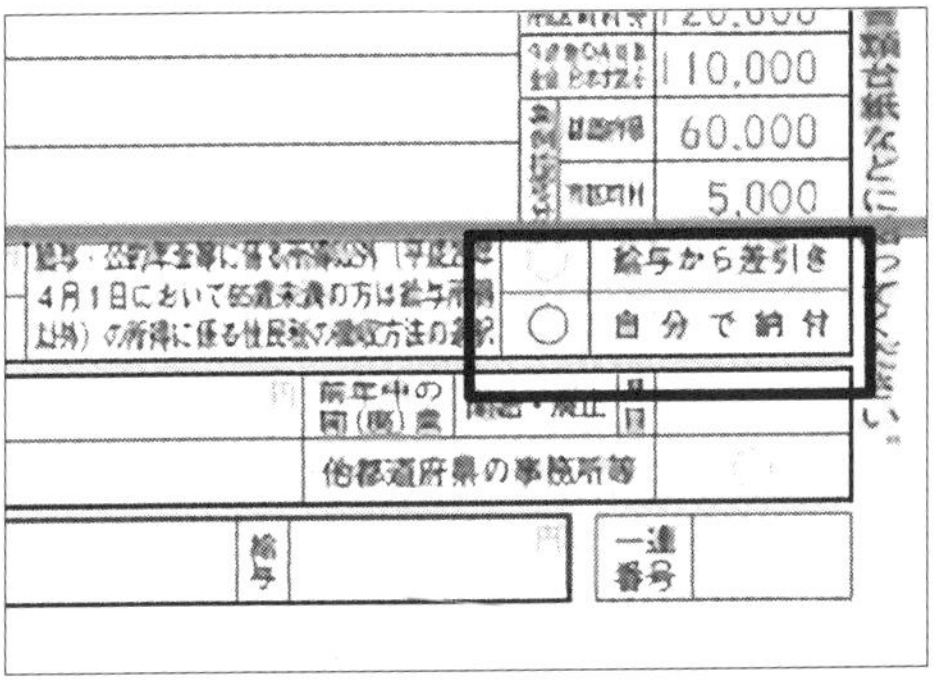

住民税の納付を給与から特別徴収ではなく、普通徴収にすることをおすすめします。確定申告をする際に「自分で納付」という欄に◯をして申告すればＯＫです。普通徴収にすると、副業分は自分で納税することになります。（6月、8月、10月、1月で分納）。

また、健康保険からバレるという心配をする人もいますが、アルバイトやパートをしていて、その勤め先で保険に加入しているとバレます。個人事業の場合は心配する必要はありません。

他にバレるとすれば、Ｔｗｉｔｔｅｒ上のアカウントが会社に知られるということもあるかもしれません。例えば、会社の敷地内で写真を撮影して上げるとか、仕事の内容から推測される可能性もあります。これはＴｗｉｔｔｅｒのキャラ設定をしっかりして、会社にバレるようなツイートをしなければ大丈夫です。名前を本名にしない、仕事に関係のある地名や写真などを上げない、などをすればバレにくいはずです。（職員のＴｗｉｔｔｅｒを監視して、副業を見張っているような会社は早晩つぶれるんじゃないかとも思いますが……。）

その他経験した副業

☆リトライしたらできた副業

1章でできなかった株式・FX・アフィリエイトですが、ちょっとした小技で10万円ほど稼ぐことができました。「**自己アフィリエイト**」というやり方です。これは自分で商品やサービスを購入し、その対価として、商品の割引やキャッシュバックを受けるやり方です。

自己アフィリのサイトは次のサイトが有名です。

・ハピタス（https://hapitas.jp/register）
・A8．net（https://www.a8.net/）

こちらのサイトに登録して、「セルフバック」という方式でサービスを受けてみましょう。

セルフバックの案件としては例えば、ＦＸの口座を開設して、入金し、1回だけ取引していれば現金やポイントが（1ポイント1円の換算）がもらえるというものです。ＦＸの取引は難しい感じがしますが、「買い」か「売り」の注文を出してすぐに全部決済の注文を出せば、手数料込みで50~150円くらいのマイナス（プラスになるときもあります）で1回の取引が終わります。あとは判定されてポイント付与を待つのみです（1か月程度かかります）。そのあとは取引しないで放置で大丈夫です。

※私はＦＸに手を出したことがありません。このＦＸや株の口座は開けるものはどんどん開いていくといいと思います。ただ、取引口座にある程度まとまったお金を入れなければならないので、一気に開設すると入金が追い付かなくなります。入金判定が終わるまではお金を引き出さないほうがいいので、手持ちの資金が少ない場合は、ひとつずつこのような案件をこなして、判定でＯＫが出たら次の案件に着手するといいでしょう。

Hapitas
広告名やキーワードを入力してください
検索
ガイド
マイページ
お気に入り
HOTワード 楽天｜yahoo｜dポイントたま...｜ネスレ65%
【マネックス証券】FXPLUS 口座開設
レビュー件数：65件
イッパイ UP中
マネックス証券の FXPLUS
新規口座開設＋取引で 3,000→14,000pt
判定までの期間：取引完了後約30日（通帳記載の目安 約7日）
ポイントを貯める
お気に入りに追加
重要なお知らせ
2021-03-31 18:00
【4/2 19:40追記】「QUOカードPay」へのポイント交換についてのお知らせ
2021-03-01 13:00
交換先に「JALマイレージバンク」が加わりました！
広告のご利用前に、必ずご確認ください
ツイート
お買い物あんしん保証
ショッピングのポイントがつかない方へ
広告の詳細
ポイント対象条件
レビュー
＜重要＞広告のご利用における注意事項
こちらの広告は、ご利用前にCookieを削除していただかないと対象外となることがあります。
予めご注意くださいませ。
マネックスではじめる株式投資
＞＞＞　FXならマネックス証券のFX PLUS｜マネックス証券　＜＜＜
いきなり取引するのは自信がない、、
そんな方はマネックス証券のFX PLUSデモ口座をご利用ください。
メールアドレスを登録するだけで1ヶ月間無料で利用可能。
FX PLUSの機能はそのままにトレードの練習ができます。
マネックス証券は、あなたの投資を全力でサポートします！
【FX PLUSのメリットと特長】
☆ミニ取引　：1000通貨から取引可能
☆取引手数料：10,000通貨以上の場合、無料！
☆スプレッド：米ドル／円のスプレッドは原則2pips
☆資金管理　：証券総合口座⇔FXPlusの資金移動がラクラク
振替資金が評価証拠金へ即座に反映
☆ロスカット：ロスカットレベルを投資スタンスに合わせて変更できます。
不正行為への取り組みについて
カスタマーサービス
よくあるご質問（ヘルプ）
お問い合わせ
Pollet
余った年賀状や外貨がポイントになるアプリ

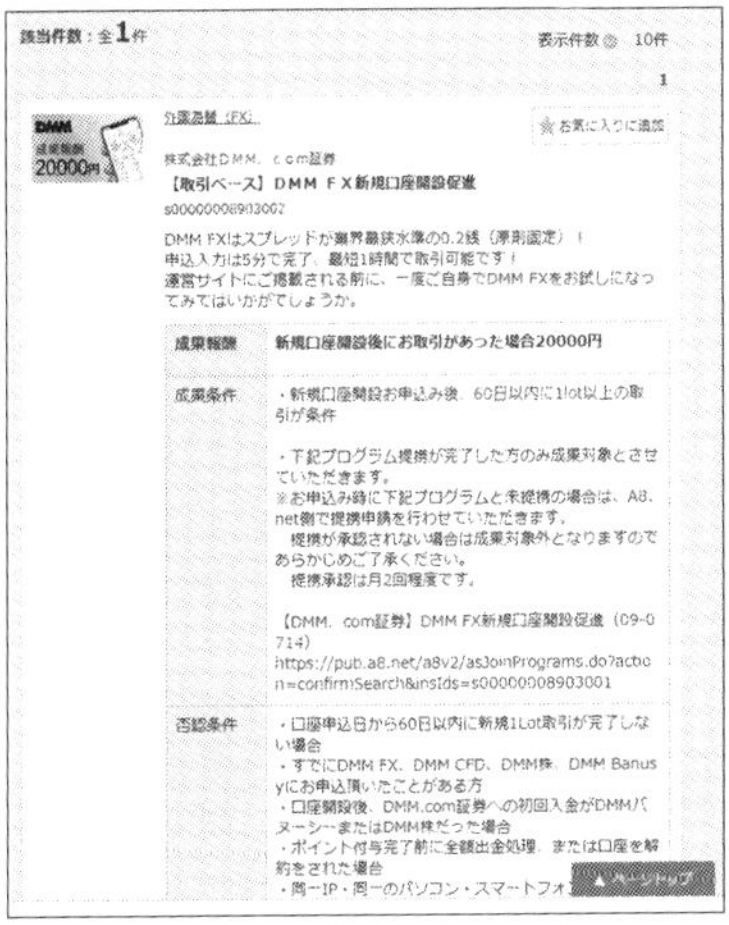
該当件数：全1件
表示件数 10件
外国為替（FX）
株式会社ＤＭＭ．ｃｏｍ証券
【取引ベース】ＤＭＭ ＦＸ新規口座開設促進
s00000008903002
DMM FXはスプレッドが業界最狭水準の0.2銭（原則固定）！
申込入力は5分で完了、最短1時間で取引可能です！
運営サイトにご掲載される前に、一度ご自身でDMM FXをお試しになってみてはいかがでしょうか。
成果報酬　新規口座開設後にお取引があった場合20000円
成果条件　・新規口座開設お申込み後、60日以内に1lot以上の取引が条件
・下記プログラム提携が完了した方のみ成果対象とさせていただきます。
※お申込み時に下記プログラムと未提携の場合は、A8.net側で提携申請を行わせていただきます。
提携が承認されない場合は成果対象外となりますのであらかじめご了承ください。
提携承認は月2回程度です。
【DMM.com証券】DMM FX新規口座開設促進（09-0714）
https://pub.a8.net/a8v2/asJoinPrograms.do?action=confirmSearch&insIds=s00000008903001
否認条件　・口座申込日から60日以内に新規1Lot取引が完了しない場合
・すでにDMM FX、DMM CFD、DMM株、DMM Banusyにお申込頂いたことがある方
・口座開設後、DMM.com証券への初回入金がDMMバヌーシーまたはDMM株だった場合
・ポイント付与完了前に全額出金処理、または口座を解約をされた場合
・同一IP・同一のパソコン・スマートフォ
ページトップ

おわりに

私は現在、Ａｍａｚｏｎのアカウントは売却し、その利益を使って新たなビジネスを始める準備をしているところです。今の定期的な収入はＡｍａｚｏｎのコンサルとＭＮＰでの利益で生活をしています。今後の目標はやはり今流行りの**ＦＩＲＥ（早期リタイア）**です。そうはいってもきっと仕事をすると思いますが。

会社員時代、「ずっと会社に勤めてこの先どうなるんだろう」という不安がいつもありました。出世をした上司は毎日、日付が変わるまで会議をし、土日返上で働き、という光景を見て、会社員で居続けるという未来が見えなくなっていました。

今の私の生活パターンは、朝6時に起床。朝食の後、子どもを学校へ送る。ビジネスの準備（今は本著の執筆中）、コンサル対応。昼食の後、下の娘と公園で遊ぶ。おやつを食べているころに息子が帰ってくるので、宿題を見て風呂掃除。夕食をとり、入浴と寝かしつけ。その後また仕事をして、0時ごろに就寝。ほぼ自宅で仕事をしています。家族以外の人とはほぼ接しないのと、連絡を取り合うのも気の知れた仕事仲間・コンサル生・税理士さんくらいなので、ほぼノーストレスです。副業であってもこのような生活は時間や密度の違いはあっても可能です。実際に仕事仲間は副業で私より稼いでいる人もいます。

ここで皆さんにお伝えしたいのは、**同じ副業は続かなくなる可能性があることです。**これは自分自身が続かなくなるという意味ではなく、外的要因からMNPができなくなるかもしれない。Amazonの販売が不可能になることもあります。TwitterやLINE以外のSNSサービスが台頭して、集客方法が変わるかもしれません。

これからも、様々な副業や稼ぎ方が現れてくることでしょう。その時に先行できる人は大変儲かります。常にアンテナを張っておくべきです。そして、一度始めたら、「無理そうならすぐやめてみる」か「突き詰めてトコトン頑張る」のどちらかです。**何もしない、というのが一番もったいないのです。**やってみてから、やらないという選択肢を取るべきです。

副業でお金が稼げたらその後をどうするかを考えてみてください。

会社を辞めて本業にする、稼いだ資金でさらに別のビジネスを始める、株やFX、暗号資産（仮想通貨）などに投資する、いろんな可能性が見えてくると思います。

私が個人的に感じるのは副業で儲かったお金は、ビジネスに再投資して、さらに増やしていくのがベストだと思っています。
欲しい車や衣服、遊びばかりに使ってしまっていると、稼いだ分がそこに消えて、ずっと本業と副業をしなければならなくなります。変に贅沢をして、一度生活のレベルを上げてしまうと、下げていくのは難しいのです。家族や恋人など、大切な人にお金を使うことは賛成です。贅沢をした結果、本業だけではお金が足りないと始めた副業は、やり続けることで時間が無くなります。友人や恋人、家族との時間、何より自分自身のための時間は有限です。副業で得られるお金は巡り巡って自分の時間を買うことにつながるのではないでしょうか。

お金が入ってくる仕組みを作れば、定時に出社、残業びっしり、家族との会話なし、たまの休みは寝てばかり、こんな毎日が変わります。朝の散歩をゆっくりして、栄養のある朝食を作って食べ、読書や趣味に時間を使い、友人と会い、恋人との時間をゆったり過ごし、ノルマのある生活から脱却できると思ったら、今頑張ってみることはとても大切ではありませんか？

お金を稼ぐことは、自分のためです。自分が他の大切な人に割く時間や自分自身を豊かにするために稼ぐのです。ぜひ一緒に稼いでいきましょう。